青年と読む

マルコによる福音

溝部 脩

ドン・ボスコ社

本文中の聖書引用箇所は、フランシスコ会聖書研究所『原文校訂による口語訳聖書』（サンパウロ）によるものです。

目次

はじめに　溝部脩　7

第一部　イエスはどういう方か

序　神の子イエス・キリストの福音の始まり　1・1……12
一　荒れ野と街《まち》　1・2〜15……15
二　あなたは呼ばれている　1・16〜20……22
三　言葉は人を変える　1・21〜28……30
四　人と向き合う　1・29〜31、40〜45……36

五　古いもの、新しいもの　2・18～22……45
六　小さいことを大切に　4・26～32……50
七　わたしの家族とは　3・31～35、6・1～6……55
八　奇跡　5・1～20……61
九　すがる　5・21～43……66
十　宣教するとは　6・7～13……73
十一　一緒に食事する　6・30～44……79
十二　人を汚《けが》すもの　7・1～23……85
十三　イエス、孤独の中で開眼　7・24～30……92
十四　キリスト教は全世界に広がる宗教　8・1～13……97

第二部　イエスの神秘の啓示

十五　わたしは宣言する　8・27〜38……108
十六　彼に聞け　9・2〜9……115
十七　祈る　9・14〜29……121
十八　弟子たちの凡庸さ　9・30〜43……131
十九　結婚と離婚　10・1〜12……140
二十　教会に奉仕する若者　10・17〜31……145
二十一　躍《おど》りあがってイエスのもとに来た　10・46〜52……153
二十二　実らないいちじくの木、廃《すた》れる神殿　11・12〜19……160
二十三　捨てた石が隅の親石となった　12・1〜11……168

二十四　死者の復活　12・18～27……175
二十五　皇帝への税金　12・14～17……181
二十六　この世は終わる　13・1～8……187
二十七　「この女」と言われる女性　14・3～9……195
二十八　裏切り　14・1～2、10～11、17～21、26～31、43～51……202
二十九　受難物語　14・32～42、15・33～37……215
三十　最後の晩餐　14・12～16、22～24……228
三十一　イエスの死の証人たち　15・20～22、37～39、42～47……236
三十二　女たちも逃げた　15・40～41、16・1～8……244

はじめに

『マルコによる福音書』を青年たちと読み始めて二年になり、完読いたしました。青年の多くは教会に初めて足を運ぶ人たちでしたので、あまりハードルを上げない勉強会にしました。三十分の聖書の黙読と解説、四十分のグループでの分かち合い、三十分のまとめとしめくくりの言葉といった具合に、勉強会を進行させました。よく学び、よく話し、よく聞いた勉強会でした。

勉強会の後は恒例のミート・パスタを食べながら自由に話し合うなど、実に楽しい聖書の勉強会でした。参加した青年たちの中から、複数の青年が洗礼を授《さず》かりました。何か砂漠に水が吸い込まれるように、青年たちは「み言葉」にあこがれていると感じています。青年が来ないという嘆《なげ》き節《ぶし》をたくさん聞く昨今ですが、青年たちは十分求めているし、喜んで勉強会に来たいという意欲をもっていると実感しています。

毎回の勉強会のためにマルコの福音書に沿ってテーマを選び、解説し、参加者に配りました。それらをまとめたのが本書です。キリスト教に初めて触れる人にはイエス・キリストのことを知るわかりやすい入門書ですが、今の自分の信仰を振り返り、信仰を深めるきっかけをつかむ書でもあります。個人での黙想やグループでの黙想会で、多くの人にご利用していただくことができれば幸いです。

聖書の勉強会で、ともに学んだ島田悠祈さん（当時看護大学一年十八歳）の感想を紹介します。

普段ごミサの中で『福音』を聞いたときに「ふ～ん、こんな出来事があったんやとか、そんな話なんや～」という感想しかもたない私でしたが、福音の箇所を身近な自分自身の問題に置き換えて考えるということは新鮮でした。分かち合いでは、さまざまな立場の人の考えを聞くことで、自分では考えつかないような発見がありました。また、自分の考えを言葉にすることで、自分の考えが自分の中でより鮮明になりました。

聖書に触れた青年たちが、生き生きと信仰に目覚めていくのを目の当たりにして、深い感銘に打たれています。

マルコの福音書は読者を突き放すようにして終わっています。後は自分で考えなさいとの意図からでしょう。

福音が血となり、肉となるのを期待しています。

この機会を利用して、至らない私を支え、励ましてくださったすべての方に感謝を申しあげます。

表紙のイラストと挿絵を引き受けてくれた筒井亜矢さん、発行までの準備をすすめてくれたドン・ボスコ社編集部の金澤康子さん、望洋庵で本書の発刊に力を尽くしてくれた貞住武彦さんに感謝いたします。

二〇一五年十一月二十三日

溝部《みぞべ》　脩《おさむ》

第一部　イエスはどういう方か

序

神の子イエス・キリストの福音《ふくいん》の始まり

マルコ1・1

神の子イエス・キリストの福音の始まり　1・1

「イエスはキリスト」、私を救ってくださった方という力強い信仰宣言でマルコの福音書は始まります。現代は、はっきりと信仰を宣言することを厭《いと》います。なるべくならばそれに触れてほしくないのです。あるいは信仰は自分のためだけでよいと考えているからです。

マルコは、ためらわずに自分の信念を告白することから新しい時代が訪れると説くのです。信仰しているとは信念をもって生きていることです。それを誇りとしないのは、結局何を信じているのかまったくわかっていない証拠です。少しでも誇りをもつことができるために、私は小さな試みをこの本で試《ため》してみました。「始まり」と訳されていますが、「始まった」という動詞形で訳す聖書もあります。「イエスは私を救ってくださった」と宣言することで新しい時代が始まって、そして、今があるのです。

今、私たちは新しい時代を、誇りをもって生きているのです。イエスというお方は、私たちに誇りをもって現代を生きなさいと勧《すす》めているのです。現代は決して真っ暗闇の希望のない時代ではありません。私たちが信じて生きることをとおして、すばらしい時代が訪れるのです。

一　荒れ野と街《まち》

マルコ1・2～15

　預言者《よげんしゃ》イザヤの書に、「見よ、わたしはあなたの先にわたしの使いを遣《つか》わし、あなたの道を整えさせよう。荒れ野に叫ぶ者の声がする、『主の道を整え、その歩む道をまっすぐにせよ』」と書き記されているように、洗礼者ヨハネが荒れ野に現れ、罪の赦《ゆる》しへと導く悔《く》い改めの洗礼を宣べ伝えていた。ユダヤの全地方、またエルサレムに住むすべての人がヨハネのもとに来て、罪を告白し、ヨルダン川で洗礼を受けていた。ヨハネはらくだの毛の衣《ころも》を着て、腰に皮の帯をしめ、蝗《いなご》と野蜜《のみつ》を食物としていた。ヨハネは宣《の》べ伝えて言った、「わたしよりも力のある方が、後からおいでになる。わたしは身をかがめて、その方の履《は》き物の紐《ひも》を解く値うちさえない。わたしは水であなた方に洗礼を授《さず》けたが、その方は聖霊によって洗礼をお授《さず》けになる」。

　そのころ、イエスはガリラヤのナザレから来て、ヨルダン川でヨハネから洗礼をお受けになった。イエスが水の中から上がると、天が開け、霊が鳩のようにご自分の上に降って来るのをご覧になった。そして、天から声がした、「あなたはわたしの愛する子、わたしの心にかなう者」。

霊はただちにイエスを荒れ野に追いやった。イエスは四十日の間そこに留《とど》まり、サタンによって試みられ、野獣《やじゅう》とともにおられたが、み使いたちがイエスに仕《つか》えていた。

ヨハネが捕らえられた後、イエスはガリラヤへ行き、神の福音を宣べ伝えて仰《おお》せになった、「時は満ち、神の国は近づいた。悔い改めて福音を信じなさい」。

1・2〜15

新しい時代が来る前の時代を「荒れ野」とマルコは呼んでいます。厳しい自然と孤独に闘う修行僧のように洗礼者ヨハネを登場させます。彼は「らくだの毛の衣を着て、腰に皮の帯をしめ、蝗《いなご》と野蜜《のみつ》を食物としていた」(1・6)、さらにヨハネが「水で洗礼を授《さず》けていた」と語っています。水で洗礼を授けるとは、次に現れるイエスが「聖霊によって洗礼を授ける」と対になっています。悔い改めた人々が洗礼を求め、それに応えてヨハネは洗礼を授けていたのでした。イエスのそれは、上からの霊が人を中から変えていき、それによって悔い改めへと導くものでした。

イエスはヨハネと違って「ガリラヤのナザレから来て」(1・9)、ガリラヤに帰ったのでした(1・14)。ガリラヤというのは、人が通常の営みを行う街のことです。イエスは街から来て街に帰って行きました。ヨハネは砂漠から来て砂漠に留《とど》まりました。古い時代は「砂漠」という言葉で表現されています。その時代を生きるために、必死になって悔い改めの業《わざ》を大事にしたのです。毎日の市井《しせい》の生活を大事にして、それができるように神さまの助けを求める、これがイエスが伝える新しい時代のことでした。
相田みつをの詩に「アノネ　がんばんなくていいからさ　具体的に動くことだね」というのがあります。イエスの時代というのは、別の言葉でいえば〝がんばらなくていいよ〟という時代のことです。がんばれ、がんばれと叱咤激励《しったげきれい》された時代から解放されて、やっと自由な時が訪れたのです。心配しなくても神さまがしてくださるという信頼にあふれた時です。

日本では鎌倉時代、多くの立派な僧が輩出しました。彼らはいずれも比叡山《ひえいざん》で修行をした人たちでした。しかし、戦乱と飢餓《きが》、暴力と略奪《りゃくだつ》に悩む人々を見捨てることができず、いずれも山を下りて街に居《きょ》を構えたのでした。親鸞《しんらん》の三信《さんじん》というのが有名です。「弥陀《みだ》の情けにすがりて衆生《しゅじょう》を生きる」。ここには二つの信念があります。一つは「弥陀の情けにすがる」ということです。自力で人々を救うのではなくて、神さまにすがって、信じて人々の中に生きるということです。これらの僧はいずれも市井にあって念仏を唱え、人の中にある仏に合掌して過ごしました。他力仏教と言われています。二つ目は「衆生を生きる」ということで、決して山の中とか砂漠に住まなかったことです。人々の中にあって苦楽を共にする生活を選んだことです。

「時は満ち、神の国は近づいた」（1・15）。神さまにすがって、合掌して人々に近づき、生きる喜びを伝えていく人たちをとおして「新しい神の国」が訪れるのです。自分が自分がと力んだり、人里から離れたところで孤独を生きると考えたりしないことです。自分が生活している家庭、学校、会社から「神の国」を求めてみましょう。青い鳥を求めてさまよい歩いた末に幸せの鳥を見つけたのは、自分の家だったという話はご存知でしょう。問題は、あなたが力強く信じて生きることから始まることができるか、ということです。

ここでマルコは、不思議な話をはさんでいます。

「霊はただちにイエスを荒れ野に追いやった。イエスは四十日の間そこに留《とど》まり、

サタンによって試みられ、野獣とともにおられたが、み使いたちがイエスに仕《つか》えていた」（1・12～13）

イエスは洗礼を受けてすぐには街に帰っていません。まず荒れ野に退《しりぞ》いたのです。修行をしろという命令だったのでしょうか。街に生活するために修行の生活を体験せよと言われたのでしょうか。どうもそうではないようです。

「四十日間」とは、モーセが導いた四十年間のことをさしています。その間、神さまが火の柱となり先頭にたっていました。神さまは民の必要に応えてパンや鶉《うずら》、水をくださいました。四十日間はサタンの誘惑があっても神さまが一緒にいた至福《しふく》の時だったのです。「野獣の住むところで天使たちが仕えた」場所は、まさに天国のことです。イザヤの書に次のような箇所があります。

「牛は熊とともに草をはみ、その子らはともに伏し、獅子《しし》は牛のように藁《わら》を食べる。乳飲み子は毒蛇の穴に戯《たわむ》れ、乳離れした子は蝮《まむし》の巣に手を伸ばす」（イザヤ11・7～8）

イエスが生活した荒れ野は毒蛇やライオンと一緒に戯れて生きる極楽なのでした。

新しい神の国とは、地上でつくる極楽なのです。自然も動物も人間も和してつくる、これが極楽です。これを打ち壊すのが悪魔の業であり、なんとかして自然を破壊し、人間同士を争いに巻き込もうとするのです。これに対して闘うために、あなたは呼ばれているのです。

二　あなたは呼ばれている

マルコ１・16～20

イエスは、ガリラヤ湖のほとりを通られたとき、シモンとシモンの兄弟アンデレが、湖で網《あみ》を打っているのを御覧になった。彼らは漁師であった。イエスは仰せになった、「わたしについて来なさい。人間を漁《すなど》る漁師にしよう」。すると、二人はただちに網を捨てて、従った。さらに少し行くと、ゼベダイの子ヤコブとその兄弟ヨハネをご覧になった。彼らは舟の中で網の手入れをしていた。イエスはただちに二人をお呼びになった。すると、二人は父ゼベダイと雇《やと》い人たちとを舟に残して、イエスの後について行った。

１・16～20

イエスはガリラヤの湖を通っているとき、シモンとその兄弟アンデレが網《あみ》を打っているのをご覧になって、彼らについてくるようにと言われました。さらにヤコブとその兄弟ヨハネも同様に呼ばれました。皆さんの多くは、これは教会で神父になるためとか、修道女になるために書かれた箇所であると考えているかもしれません。それも含まれていますが、もっと広いお召《め》しのことを話しているのです。

はじめに、イエスによって新しい神の国が始まったという話をしました。この新しい国に働くために、イエスは青年を呼んだのです。自分に与えられた使命を精いっぱい生きること、これが神の国に働く人の条件です。

あなたが政治の世界を目指しているのでしたら、政治家としてどのように神の国を実現するのかを考えるのです。あなたが弁護士を目指しているのでしたら、どうすれば人の権利を守るかを考えます。医者や看護師を目指しているのでしたら、どのようにして人のいのちを救うかを考えます。教師を目指しているのでしたら、どのようにして若い人を育てるかを考えるのです。挙げればきりがありません。

イエスはこの若者たちを「ご覧になって」呼んだと伝えています。神さまは私たちを見つめて同じように〝ついて来なさい〟と呼ばれているのです。

さてそのためには、まず何になるために呼ばれているかを考えないといけません。これがわかるには、長い時間がかかる人もいれば、今すぐにでもしたいことを決心している人もいるでしょう。職業の貴賤《きせん》はありません。問題は、自分に与えられた仕事を天職として受け止めることができるかどうかです。

十六世紀の宗教改革者にジャン・カルヴァンという人がいます。彼は、人それぞれに天職が与えられていて、それを精いっぱい果たすことでこの世界が幸せになると教えました。働いたおかげで生活ができ、お金を使うことで他の人の生活を支え、そのお金を集めて社会のために使うことで社会全体が豊かになると考えました。資本主義の起こりはここにあります。

自分が社会の中で果たす役割を考えることは、とても大切です。果たして私はどの道に呼ばれているのでしょうか。「湖で投網《とあみ》を打っていた」、「舟の中で網の手入れをしていた」と聖書は言っています。仕事の真っ最中に呼んだのです。暇《ひま》があるから何かの善をしようか、では呼ばれないということです。人生に真剣に取り組んでいないと道は開けないということでしょうか。イエスが人を選ぶ基準を考えてみましょう。

「さて、イエスは再び湖のほとりに出ていかれた。すると群衆が集まってきたので、教え始められた。そして、通りがかりに、アルファイの子レビが収税所《しゅうぜいしょ》に座っているのを見て、『わたしについて来なさい』と仰せになった。すると、彼は立ち上がって、イエスに従った。さて、イエスがレビの家で食卓に着いておられた時のことである。多くの徴税人《ちょうぜいにん》や罪人《つみびと》も、イエスやその弟子たちとともに席に着いていた。実に大勢の人がいて、イエスに従っていた。ファリサイ派の律法学者たちは、イエスが罪人や徴税人たちと食事をともにしておられるのを見て、弟子たちに、『なぜ、あの人は徴税人や罪人と食事をともにするのか』と言った。イエスはこれを聞いて、仰せになった、『医者を必要とするのは健康な人ではなく、病人である。わたしが来たのは、正しい人を招くためではなく、罪人を招くためである』。」（2・13〜17）

「さて、イエスは山に登り、ご自分の望む人たちを呼び寄せられた。彼らはイエスのもとに来た。このように、イエスは十二人を選び、使徒とお呼びになった。それは、この十二人がご自分とともにいるためであり、また悪霊を追い出す権能を授けて宣教に遣《つか》わすためであった。こうして彼ら十二人を選び、シモンには、ペトロという名を与え、ゼベダイの子ヤコブとヤコブの兄弟ヨハネにはボアネルゲス、すなわち、雷の子という名をお与えになった。さらに、アンデレ、フィリポ、バルトロマイ、マタイ、トマス、アルファイの子ヤコブ、タダイ、熱心党のシモン、イスカリオテのユダがいた。このユダがイエスを裏切ったのである」（3・13〜19）

また、「アルファイの子レビが収税所に座っているのを見て、『わたしについて来なさい』と仰せになった」。徴税人は、ユダヤの社会では罪人《つみびと》とみなされていました。憎き支配者ローマのために税を取り立てていく人たちであり、ゆるしがたい存在に思えたからでした。この人を弟子に呼んだのです。しかも、彼は自分の仲間と一緒にイエスを宴会に招待したのでした。周りの人々はきっと白い目でこれを見たことでしょう。イエスというお方は意識して、こういう人を弟子にしたのでした。

マルコ三章十七節から十八節には、彼が選んだ人たちの名前が載《の》せられています。彼らは教会の柱となる人たちであり、使徒と呼ばれました。きっと立派な人たちだろうと想像してしまいますが、その実、欠点の多い人たちばかりでした。

まずペトロという人が挙げられています。聖書の中ではわからずやの、短気な単純な男として登場します。ゼベダイの子ヤコブとヨハネは〝雷の子〟というあだ名があり、喧嘩好きな男たちだったことを想像させます。一番弟子にしてくれと頼んで、こっぴどくイエスから叱られています。アンデレ、フィリッポは計算高い人間として登場します。バルトロマイは〝ナザレから何か良いものがでるものか〟とうそぶく乱暴な男を想像させます。マタイは先ほどの徴税人レビのことです。アルファイの子ヤコブやタダイについては、わかりません。「熱心党のシモン」というのは、名前からして原理主義的傾向をもつ愛国主義者ではないかと思われます。最後は極《きわ》めつきで、イエスを裏切ることになるイスカリオテのユダです。これら全部を読むとき、私は嬉しくなってしまいます。イエスの一番弟子たちは、皆揃って欠点の多い人物だったということです。

　私たちも皆それぞれ欠点をもっています。短気な性格もあるし、おっとりしていて人をいらいらさせたりする性格もあります。口の達者な人間もいれば、寡黙《かもく》で陰気な感じを与える人もいます。皆それぞれの性格をもって神さまのお召しに応えていくのです。あなたも呼ばれている、何に……。今から考えていく課題が私たちに残されています。

最後にもう一つのことに目を向けましょう。イエスはある人たちを教会の奉仕のために招いています。カトリック教会では、礼拝が行われるためにはどうしても司祭という人たちが必要です。一度は、自分もその役割に召されているのではないかということを考えてみてください。また教会の歴史の中で修道者たちの働きはとても大きいものでした。女子の修道者は普通シスターと呼ばれています。自分の人生を教会のためにささげるという人生も、選択肢に入れることができます。そして、とても崇高な使命だと思います。私なんかとても無理と考えないで、イエスがどんな基準で弟子に加えたかを思い起こして、自分の人生の選択肢に聖職へのお召しを受け入れてください。

三　言葉は人を変える　マルコ1・21～28

一行はカファルナウムに着いた。早速、イエスは安息日《あんそくじつ》に会堂に入って教えられたが、人々はその教えに非常に驚いた。イエスが律法学者のようにではなく、権威ある者のように教えられたからである。

その時、汚《けが》れた霊に憑《つ》かれた人がその会堂に居合わせて、叫んで言った、「ナザレのイエス、わたしをどうしようというのですか。あなたはわたしたちを滅《ほろ》ぼすために来られたのですか。わたしは、あなたがどなたであるかを知っています。神の聖なる方です」。イエスが叱って、「黙れ、この人から出て行け」と仰せになると、汚れた霊はその人をけいれんさせ、大声をあげて出ていった。人々はみな驚いて言い合った、「これはどうしたことだ。実に、権威ある新しい教えではないか。この人が命令すれば、汚れた霊でさえ従う」。こうして瞬《また》く間に、イエスの評判はガリラヤ付近の全地域に広まった。

1・21～28

「権威ある者のように教えられたからである」（1・22）、ユダヤの会堂でイエスが話したときに人々が感嘆して言った言葉がこれです。彼らはその言葉に「驚いた」と言っています。それでは何に驚いたのでしょう。「律法学者のようにではなく」と説明を加えています。律法学者は当時の法律の権威ですし、聖書に一番くわしい人と思われていました。ところが人々は、イエスの話のほうにずっと惹《ひ》かれたのでした。なぜでしょう。理由は簡単です。彼は小難《こむずか》しい理論をとうとうと述べるのではなく、聖書の原点を人々にわかるように説明したからです。律法の専門家たちは内容に色を添えて、美しく、そして荘厳な注釈をしたのかもしれません。人々は大した学者だと感嘆したことでしょう。しかし、心の中まで染み透る言葉ではありませんでした。イエスは、人々がわかるということを何よりも大事にしました。聖書がもっている教えをわかりやすく、心の奥まで響くように説明したのでした。

昔、小学生のころ、学校の教室の端《はじ》に「今週の目標　あいさつしましょう」などと書かれていたのを思い出します。何回もこのモットーを先生が繰り返すうちに、あいさつすることは大切だとわかり、皆が大きな声であいさつするようになったものです。言葉は、もし本当に理解されれば、必ずそれを実行するまでに至るものです。頭だけにとどめておく言葉は、必ず右から左へ素通りしていきます。

人々が驚いたのは、イエスが話す言葉がストンと腹の奥まで落ちたことでした。上から権威を振りかざしても、人々はそれを認めません。学識を見せびらかしても、権威はついていきません。本当の権威は、人々が心から納得して、この人ならついていくと決意したときに自然に備《そな》わってくるものです。

「汚《けが》れた霊はその人をけいれんさせ、大声をあげて出ていった」（1・26）。権威ある言葉は、悪霊をも追い出すのです。人はそれぞれ欠点というか、自分ではどうすることもできない何かの悲しみを抱えているものです。生まれながらにしてもっている悪への傾きを、自分の中に抱え込んでいるのです。聖書が悪霊といっているのは、こういった種類の悪への傾きです。傾いてしまうのは、自分が悪に染まっているからです。そんな自分からどのように解放されるのでしょうか。

イエスが言葉を発すると、悪霊が出て行きます。よく消化され、自分の言葉となった言葉は、人を変えていく力となるのです。聖パウロはみ言葉を「デュミナス」（ダイナモ、爆発力）と呼んでいます。自分で納得した言葉は、その人を変えていくのです。心から語る言葉は、聞いている人の心を打ち、そしてその人を変えていく力となります。言葉はすばらしい力なのです。サレジオ修道会の創立者にヨハネ・ボスコという聖人がいます。彼は生涯を教育にかけた人でしたが、教師たちに常々諭《さと》していた考えがあります。子どもたちに言葉を噛みくだいて、わかりやすく、短く話せということでした。先生が言っている言葉を子どもたちが理解したら、必ず自分の生活を変えるという信念があったからです。

旧約聖書の中に「詩編」という本があります。教会では詩編を歌ったり、唱えたりして祈りにしています。詩編119の中に次のような祈りがあります。「どうすれば若者はその歩みを清く保てるのでしょうか。それは、あなたの言葉を守ることにあります」。「論語読みの論語知らず」と言われますが、同様に「聖書読みの聖書知らず」

と言われても仕方がない読み方を私たちはしてしまいます。いくら読んでも、腹の底まで染み透ってくる読み方を学ばなければなりません。

言葉を聞く習性を身につけてください。言葉を人に伝えていけるためには、どうしても必要なことがあります。それは「よく聞く」ことができるということです。二〇〇七年に亡くなられた心理学者の河合隼雄さんが生前、カウンセリングのこつはよく聞くということがすべてだと言っていました。しっかりと聞く人は、ことの正しさも理解できるし、何よりも人のことがわかってくるようになります。イエスは「聞く」ことの大切さとその姿勢について、喩《たと》えをもって説明しています。

マルコ四章の一節から二十五節までになんと九回も「聞きなさい」という単語が使われています。種を蒔《ま》く人が種を蒔いた。「ある種は道端に落ち」た。落ちた土地が固いので、種はすぐに空の鳥がついばんでしまった。聞いても上の空なので、すぐになくなってしまうのです。「ある種は土の薄い岩地に落ちた」とも言われています。土が薄いので種は大地に根づきません。言葉を聞いても、右の耳から左の耳に流してしまうだけなので、自分の生活を変えるほどの力になりません。「ある種は茨《いばら》の中に落ち」た。聞いてなんとか実りを得ようとするけど、生活の思い煩《わずら》いやこの世の誘惑が取り囲み、反対に遭うと諦《あきら》めてしまうのです。「すぐにつまずいてしまう」とこれらの人たちのことを聖書は述べています。「善い土地に時かれたものとは、み言葉を聞いて受け入れ、ある者は三十倍、ある者は六十倍、また、ある者は百倍の実を結ぶ」（4・20）。しかも二十四節では「注意して話を聞きなさい」と念を押しています。よく聞く人はその態度のおかげで何倍もの実りが与えられるとも言っています。聞かない人は「持っているものまでも取り上げられる」（4・25）のです。

いかに人の言葉を聞いているか少し振り返ってみましょう。自分のことばかりをのべつ幕なしにしゃべっている人は疎《うと》まれます。神のみ言葉についても同じことが言えます。何でも知っているつもりで話している人には、聖書の言葉も心に落ちてきません。神の言葉を聞くには何が必要なのか、お互いに話し合ってみたいものです。

四　人と向き合う

マルコ1・29〜31、40〜45

それから、一行は会堂を出て、まっすぐシモンとアンデレの家に行った。ヤコブとヨハネも同行していた。ところが、シモンの姑《しゅうとめ》が熱を出して床に就《つ》いていたので、早速、人々は彼女のことをイエスに知らせた。イエスは近寄り、手をとって起き上がらせた。すると熱が引き、姑は一同をもてなした。　1・29〜31

さて、一人の重い皮膚病を患《わずら》っている人が、イエスのもとに来てひざまずき、こう願った、「お望みなら、わたしを清くすることがおできになります」。イエスは憐《あわ》れに思い、手を差し伸べて、その人に触《さわ》り、「わたしは望む、清くなれ」と仰せになった。すると、たちまち、重い皮膚病が治り、その人は清くなった。イエスはその人をきびしく戒《いまし》め、すぐに立ち去らせたが、その時、こう仰せになった、

「誰にも話さないように注意しなさい。ただ祭司のもとに行って、体を見せ、あなたが清められたことを人々に証《あか》しするために、モーセが命じた物をささげなさい」。しかし、その人は立ち去ると、盛んにこの出来事を語り、言いふらし始めた。そこでイエスはもう公然と町にお入りになれず、人里離れた所に留《とど》まられたが、至る所から、人々はイエスの所へやって来た。

1・40～45

言葉は人を感動させて、人を変える力になるという話をしました。同様に、聞くということがとても大切だという話もしました。しかし、話すだけではだめな場合が多いのです。人のために行動することで、その人が救われるということが多々あります。イエスにとって、人のために行動を起こすとはどういうことをさしていたのでしょう。

安息日《あんそくじつ》はユダヤ人にとって聖なる日であり、仕事をしてはならない日なのです。イエスが泊まっていた家は弟子のペトロの家でしたが、彼の姑《しゅうとめ》がひどい熱を出して寝こんでしまっていました。家の人々は、このままでは病気が悪化するばかりと思い、なんとかしてくれとイエスに頼みました。安息日でまずいと思うのが当時の常識なのですが、イエスはそんなことには頓着《とんちゃく》しません。彼にとっては、目の前にいて自分を必要としている人、これだけが関心事だったのです。

「イエスは近寄り、手をとって起き上がらせた」と、聖書はごく淡々と述べています。実際は大変なことなのです。老人介護をされている方々の話を聞けばわかるのでしょうが、起き上がらせるには背中に手を回して、自分の胸のほうに引き寄せて、抱きかかえるようにして立ち上がらせるものです。ぐいと手を引っぱったりしたら、がくんと反《そ》って病人を痛めつけることになります。

ここで二つ目のタブーをイエスは破ります。女の人の体を抱いたことです。中東では女性が肌を見せることは好まれていません。ましてや知らない異性に抱かれるのはタブーでしかありません。イエスは周りの思惑《おもわく》をまったく意に介《かい》せず、今ここに自分を必要としているこの人にすべてを傾けるのです。

「一人の重い皮膚病を患っている人が、イエスのもとに来てひざまずき、こう願った」(1・40)。ここも聖書は淡々と語っています。実際は大変な出来事なのです。重い皮膚病の人は、郊外に隔離された場所以外では住めなかったのです。『ベン・ハー』という映画がありますが、ベンのお母さんと妹が重い皮膚病に侵されて、隔離されていたのですが、イエスの話を聞いてエルサレムに勇気を出して入ってくる場面があります。周りの人は彼女たちを罵《ののし》り、避けたので道が開け、十字架を担《かつ》いだイエスのところにまで行けたのでした。そのとおりだったと思います。

重い皮膚病の人は非差別の階級の人たちで、町に入ることもできないし、人々と普通に交わることもゆるされていませんでした。その人が恥も外聞もなく、タブーを百も承知のうえで町に入り、イエスのところにまで来るのです。イエスもこの人の必死の思いに応えるのが最大の務めと感じたのです。その人は言います。「お望みならば、わたしを清くすることがおできになります」（1・40）。イエスは「わたしは望む」と答えます。必死にすがりつくこの人にだけ、イエスのまなざしは注がれます。「私は望む」とは何と力強い言葉でしょう。ところが、言葉だけでなく、イエスは「手を差し伸べて、その人に」触ったのです。重い皮膚病の人に触ることで、またイエスにも別の枷《かせ》がはめられます。清めの式を経ないと通常の生活に戻れないという足枷《あしかせ》です。イエスはそんなことを百も承知で重い皮膚病の人に触ります。

別なところでは「イエスのおられる辺りの屋根をはがして穴を開け、中風《ちゅうぶ》の人を寝床《ねどこ》に横たえたまま吊り下ろした」（2・4）人々のことが記されます。イエスが泊まっていた家の周りは多くの人で埋まっていました。四人の男たちが中風にかかった病人を連れてきて、人が多くて中に入れなかったので、乱暴にも屋根に上り、瓦《かわら》をはがして寝床ごとイエスの前に吊り下ろしたのでした。まったく非常識な行為です。順序を守らないし、人の家の屋根に上り、瓦をはいでといった行動をとったのです。周りの人たちはきっとぶうぶう文句を言ったはずです。それでもイエスは、これはすばらしいとほめたのです。彼にとって大切なという基準はどこにあったのでしょう。私たちが普通に考える常識という基準とかなり異なっています。

このように考えると、イエスという方はずいぶん思いきったことをした方だと言えます。型破りとでも申しましょうか。問題は、私たちにも同じ基準で行動するようにと語っていることです。好きな人と、好きなことをしていることを通常とする、または決まったとおりのことをしてそれで満足している、こんな私たちの考え方にイエスはメスを入れます。今あなたを必要として、あなたに助けを求めている人に何をするのか考える、これがまず第一の課題なのです。参考に宮沢賢治の「雨ニモマケズ」を読んでみると、イエスの姿とだぶって見えてこないでしょうか。

雨ニモマケズ

雨ニモマケズ
風ニモマケズ
雪ニモ夏ノ暑サニモマケヌ
丈夫ナカラダヲモチ
欲ハナク

決シテイカラズ
イツモシヅカニワラッテイル
一日ニ玄米四合ト
味噌ト少シノ野菜ヲタベ
アラユルコトヲ
ジブンヲカンジョウニ入レズニ
ヨクミキキシワカリ
ソシテワスレズ
野原ノ松ノ林ノ陰ノ
小サナ萱ブキノ小屋ニイテ
東ニ病気ノコドモアレバ
行ッテ看病シテヤリ
西ニツカレタ母アレバ

行ッテソノ稲ノ束ヲ負イ
南ニ死ニサウナ人アレバ
行ッテコハガラナクテモイイトイヒ
北ニケンクヮヤソショウガアレバ
ツマラナイカラヤメロトイヒ
ヒデリノトキハナミダヲナガシ
サムサノナツハオロオロアルキ
ミンナニデクノボートヨバレ
ホメラレモセズ
クニモサレズ
サウイフモノニ
ワタシハナリタイ

五　古いもの、新しいもの

マルコ２・18〜22

さて、ヨハネの弟子たちとファリサイ派の人々は断食《だんじき》していた。そこで人々はイエスのもとに来て言った、「ヨハネの弟子たちとファリサイ派の弟子たちは断食するのに、どうしてあなたの弟子たちは断食をしないのですか」。イエスはお答えになった、「花婿《はなむこ》の友人たちは、花婿が自分たちとともにいるとき、断食できるであろうか。花婿が自分たちとともにいる間は、断食できない。しかし、花婿が彼らから取り去られる時が来る。その時には断食するであろう。誰も古い着物を繕《つくろ》うのに、真新しい布を用いはしない。もしそのようなことをすると、新しい継ぎは古い着物を引き裂き、破れはもっとひどくなる。また、新しいぶどう酒を古い革袋に入れる人はいない。もしそのようなことをすれば、ぶどう酒が革袋を張り裂き、ぶどう酒も革袋もだめになる。新しいぶどう酒は新しい革袋に入れるものだ」

2・18〜22

洗礼者ヨハネの弟子たちは、決められた断食をきちんと行っていました。ところが、どちらかと言えば無教養のイエスの弟子たちは、断食をきちんと守っていませんでした。そこである人々はイエスを厳しくとがめます。「どうしてあなたの弟子たちは断食をしないのですか」（２・18）

イエスの答えは当意即妙《とういそくみょう》の見事なものです。「花婿の友人たちは、花婿が自分たちとともにいるとき、断食できるであろうか」（２・19）

結婚の披露宴に招かれていて、今日は断食の日なので食事をしないというのは常識を逸《いっ》しています。たとえ断食の日でも、この日は例外として食事を楽しみ、お酒もたしなむものです。断食を絶対しないといけないという原理原則にとらわれて、大切なものを失っているのです。一つの原則にとらわれて、何がなんでもそのとおりにしようとすると、とんでもない間違いをしでかしてしまいます。

四百年も昔のことですが、当時の宣教師たちの間で、日本にキリスト教を広めるために何が必要かという議論がありました。ある宣教師たちは、キリスト教を曲げることができないので、ヨーロッパで教えられるままにそれを伝えると主張しました。別の宣教師たちは、日本ではヨーロッパとまったく異なった文化があるので、それに適応することが大事だと主張しました。

そのとき、その場に柔軟に合わせることが必要です。結婚式の日に真黒なスーツ、黒のネクタイで参加するのは非常識です。同様に結婚式に、ジーパンにサンダルというのも無礼です。披露宴で皆が楽しんでいれば、一緒に楽しめばよいのです。仏長面《ぶっちょうづら》で〝お酒は飲まない〟などと力む必要は毛頭《もうとう》ありません。空気を読むとか言われていますが、その場の状況を理解して、それに合わせた行動をとるのです。

この柔軟性を身につけると、古いものからも良いものを引き出す能力が与えられます。古臭いと、古いものを投げ捨てることはあまり良いとは言えません。若いときは、古いものには価値がないと簡単に投げ出してしまいがちです。本当はそんなものではありません。古いものの中に多くの宝が隠されています。ただくすんでいて、その価値が見えないだけなのです。くすんだものの中に価値を見つけ、それを新しい形で表現したら、それらは見事に輝き出します。この才覚が柔軟性と呼ばれるものなのです。

「誰も古い着物を繕うのに、真新しい布を用いはしない。もしそのようなことをすると、新しい継ぎは古い着物を引き裂き、破れはもっとひどくなる」(2・21)

〝壊《こわ》し屋《や》〟と呼ばれる人たちがいます。あるいは〝新しいもの好き〟とも呼ばれます。普通、会社勤めで、転勤したてには、少なくとも一年間は何もしないで、よく見なさい、それから必要な改革をしなさいと言われます。そんなことは意にも介さず、これはよくない、これはだめと言って今までのものを全部放り出してしまう人のことを〝壊し屋〟と呼んでいるのです。この場合、必ずと言ってもいいくらい周りの人と対立し、ひいては分裂を起こしてしまうものです。賢明な人は、状況をよく見て、時間をかけて改革していきます。原理原則にとらわれている人は、すぐによくないと自分が思うことを実行に移し、結局は全体を壊してしまいます。

私たちにとって大事なことは、古いと見えることの中に価値を見つけるという作業です。それだけでは足りません。それをどのように新しい装《よそお》いで人々に提示できるかです。古いものを捨てるのではなく、それを活かすのです。それを活かすことができる才覚を身につけることです。視野が狭く、自分のことばかりを考えていると、なかなかこの才覚は身につきません。広い視野の人たちと交わることを考えていけばよいでしょう。

六　小さいことを大切に　マルコ4・26〜32

〔イエスは〕また、仰せになった、「神の国は人が大地に種を蒔くようなものである。種を蒔く人が夜昼《よるひる》、寝起きしているうちに、種は芽を出し生長する。しかし、種を蒔いた人はどうしてそうなるかを知らない。大地は自ら働き、初めに苗、次に穂、次に穂の中に豊かな実を生ずる。実が熟すと、種を蒔いた人はただちに鎌を入れる。刈り入れの時が来たからである」。

また、仰せになった、「神の国を何になぞらえようか。また、どんな喩《たと》えで言い表そうか。それは一粒の芥子種《からしたね》のようなものである。芥子種は土に蒔かれる時は、地上のどんな種よりも小さいが、蒔かれると、伸びてどんな野菜よりも大きくなり、その陰に空の鳥が宿るほど大きな枝を張る」。　4・26〜32

よく聞くことができる人は、ことの意味をよく理解するということを述べました。聞くことができるためには、聞こうという姿勢をもつことが大切です。威張りくさっていたり、ふてくされたりしていると、話は耳に入ってきません

「注意して話を聞きなさい。あなた方が量《はか》るその升《ます》で、あなた方にも量り与えられ、しかも、さらに増し加えられる」（4・24）と言われていることにも留意しましょう。注意して聞いていると、私たちの理解の量と質が増してくるのです。聞けば聞くほど内容がよくわかってくるのです。

東日本大震災後、時間がたつにつれて、被災地の人は物的援助より、自分たちのことを聞いてもらいたいという希望が強くなりました。だから、傾聴ボランティアということが盛んに強調されています。

入れ物が小さいと、少しの食糧しか入りません。器が大きいとたくさんの量を受け入れることができます。器量を大きくするには、どれだけ聞けるかをまず考えることです。新共同訳聖書では、「何を聞いているのかに注意しなさい」（4・24）と

訳しています。「注意して聞く」とは、何を聞くかによって何かが変わるということです。多くを聞いて、そしてその中から大事なことを聞きわけて、腹の底まで染み透らせることです。

極《きわ》め付きは、聞かない人は「もっているものまでも取り上げられる」という言葉です。昔、自分をひとことで表現するという体験学習を、あるグループと行ったことがあります。そのとき、いつも問題を起こす人が、自分を紹介して「私は心の広い人」と言い、周りが失笑したのを覚えています。人の言うことが聞けず、自分のことばかりを主張している人は、自分こそが正しいと思い込みがちです。人々が敬遠し、自分が孤独になるという結果になっても他人のせいにします。そしてますます自分の殻に小さく小さく閉じこもることになりかねません。

「ともしびを持って来るのは、升の下や寝台の下に置くためであろうか。燭台の上に置くためではないか」（4・21）

「イエスこそ私の救い主」と、信仰宣言する人をとおして、神の国が実現すると最初に申し上げました。ここで、イエスは再度弟子たちに、隠れないで堂々と、イエスは私を救ってくださった方と宣言しなさいと言われます。よく聞くことができる人は、イエスというお方の教えの魅力にとりつかれて、その教えに沿って生きてみようと決意するものです。こそこそとしていてはいけないのです。堂々と自分の信念を表す必要があります。神の国は、こそこそと信仰を守っている人たちをとおしては訪れることはありません。光は燭台の上に置いて、こうこうと照らし出すものにしないといけません。大きな器の人は大きく光ります。小さな器の人はこそこそと寝台の下で、自分のためにローソクをつけます。よく聞くことができる人は、大きな光を放つのであり、大きく、大きく人を受け入れていきます。

「神の国を何になぞらえようか。また、どんな喩えで言い表そうか。それは一粒の芥子種のようなものである。芥子種は土に蒔かれる時は、地上のどんな種よりも小さいが、蒔かれると、伸びてどんな野菜よりも大きく」（4・30〜32）なると、イエスは、大きく光るという話の後に小さな芥子種という喩《たと》えを語っています。これは決して矛盾ではありません。小さなことを大切にして、掌《たなごころ》で温めて育てていく人は、大事に至ったときにはそれに果敢に挑戦していくものです。小さなことを自分で決めて実行していく習慣をもつ人は、大きなことを決断しなければならなくなるとき、真骨頂《しんこっちょう》を果たす人となります。小さなことを小ばかにしている人は、いざというときには、きっと尻尾《しっぽ》を巻いて逃げる人となります。一度に大きな決断はできないものです。常日ごろ、より良いものを選択して、実行していく鍛錬《たんれん》を積み重ねることが人生には必要です。いざというときには、その人は決してたじろいだりしません。

七　わたしの家族とは

マルコ３・31〜35、６・１〜６

さて、イエスの母と兄弟たちが来て、外に立ち、人をやってイエスを呼ばせた。そこで、イエスの近くに座っていた人々がイエスに、「母上と兄弟方が、外であなたを待っておられます」と知らせた。すると、イエスは答えて仰せになった、「わたしの母、わたしの兄弟とは誰か」。そして、ご自分を囲んで輪をつくって座っている人たちに目を注ぎながら仰せになった、「見なさい、これがわたしの母、わたしの兄弟である。神のみ旨を行う者は誰であれ、わたしの兄弟、わたしの姉妹、わたしの母である」。

３・31〜35

イエスは、そこを去って、郷里《きょうり》に行かれたが、弟子たちもついて行った。そして安息日になったので、イエスは会堂で教え始められた。すると、聞き入る多くの人々は驚いて言った、「この人はどこからこういうことを授《さず》かったのだろう。このような力ある業《わざ》さえ行う知恵をもっているとは。この人は大工ではないか。マリアの子、またヤコブ、ヨセ、ユダ、シモンの兄弟ではないか。そしてまた、姉妹たちは、わたしたちと一緒にここにいるではないか」。このように人々はイエスにつまずいた。それで、イエスは、「預言者《よげんしゃ》が尊敬されないのは、自分の郷里、親族の間、またその家においてだけである」と仰せになった。そこではただ少数の病人に手を置いて治されただけで、そのほかは何も奇跡《きせき》を行うことがおできにならなかった。そして、郷里の人々の不信仰に驚かれた。

6・1〜6

私たちは皆、父と母から生まれてきています。同じ父と母から兄弟も生まれてい
ます。そのために特別な強い絆で結ばれます。しかし、絆が強すぎるために起こっ
てくる弊害も話題になっています。その一つは、親が思うとおりに子どもが育たな
いときに起こる葛藤《かっとう》です。あまり近すぎて、子どものことがよく理解できないのが
親の悩みです。

聖書を読むと、息子であるイエスをまるで理解できない彼の家族のことを語って
います。「イエスの母と兄弟たちが来て、外に立ち、人をやってイエスを呼ばせた」
（3・31）。イエスは「わたしの母、わたしの兄弟とは誰か」（3・33）と問うて、自
分を囲んで輪をつくって座っている人たちを見て、「これがわたしの母、わたしの
兄弟である」（3・34）と言ってのけたのです。ずいぶん冷たい言い方です。

よくよく考えてみますと、子どもは必ず独り立ちして親兄弟から離れて、新しい
仲間を見つけていくものです。そうしなければ一人前の大人にはなれません。いつ

までも親のすねをかじっていてはいけません。今、子離れができない親と親離れできない子どもが問題になっています。それにしても、親を突き放すようなイエスの態度には、考えさせられてしまいます。

独り立ちして、しばらくしてイエスは自分の故郷を訪ねました。自分の故郷ですから、小さいときからイエスのことを知っている多くの人がいました。ところが、そのイエスが人々に囲まれて、聖書の注釈をしているのを聞いて、人々は驚いたというエピソードをマルコは載せています。この人イエスを小さいときから知っているだけに、彼が偉くなっているのが理解できないのです。そう言えば、子どものときからちょっと小生意気《こなまいき》だったなとか、あまり勉強はしてないはずだなといった具合で驚いていました。話の内容に驚いたのではありません。学歴がない人間が堂々と人々に話すのが不思議だったのです。それも、自分と同列であれば問題ないのですが、自分より一つ抜きんでているのはやりきれないのです。

親は、自分の息子、または娘がそれぞれの道を歩んでいくのを見るとき、不安にかられるものです。「この幼子《おさなご》は、いったいどうなるのだろうか」（ルカ1・66）と、洗礼者ヨハネの誕生のとき、人々は驚いて叫んでいます。私も父や母の年を越えてしまいました。このような宗教の道に息子が入るのを、父や母はどういう思いで見ていたでしょう。カトリックの司祭になることなど、彼らには想定外だったでしょう。自分の息子でなければ、それほど不安に感じることはありません。成長するとそんなこともあると平気で言うかもしれません。

ところがイエスはもっと激しい言葉で親子の関係を決めつけます。ルカの福音書では、「わたしのもとに来ても、自分の父や母、妻や子、兄弟や姉妹、さらに自分のいのちまでも憎《にく》まない者は、誰もわたしの弟子になることはできない」（ルカ14・26）と宣言しています。ずいぶん激しいというか、残酷な要求を出しています。この「憎む」という言葉をどのように解釈したらよいのでしょう。

この話の続きに「塔と王のたとえ」という項目があります。戦争の際、相手の軍勢が二倍以上の圧倒的な強さの場合、まず勝ち目があるかを計算して、勝ち目がないとわかったら、さっさと軍を引いて、和平交渉を始めるのが得策であると言っているのです。その和平交渉として、代償となるものを差し出すのです。「それと同じように、一切の持ち物を捨てる者でなければ、あなた方は誰も、わたしの弟子になることはできない」（ルカ14・33）と続くのです。

先ほどの話と、ここで述べられた戦争の話はつながっています。イエスの軍勢は圧倒的な強さで私たちに迫ってくるのです。そこで、私たちは和平交渉しかないとわかり、交渉を開始します。交渉の代償として、自分が一番大切にしている人を人質として相手に渡すのです。その人質は、自分の父であり、母、妻、兄弟姉妹なのです。「憎む」とはこんな意味で解釈することができます。イエスに従うために、自分が一番大切にしている家族を神に渡すということなのです。家族に執心《しゅうしん》して、そこから抜け切れないときには、イエスに従うという意味をつかむことはできないのです。

八　奇跡　マルコ5・1～20

ところで、おびただしい豚の群れがその辺りの山の麓《ふもと》で草を食べていた。そこで、汚《けが》れた霊どもは、「わたしたちが豚に乗り移れるように、豚の中に送り込んでください」と願った。イエスがそれをお許しになると、汚れた霊どもはその人から出ていき、豚の中に入った。すると、およそ二千頭ほどの豚の群れが、崖《がけ》から湖へ雪崩《なだ》れ落ち、おぼれ死んでしまった。

豚飼いたちは逃げ出し、町や村里に行き、このことを告げた。そこで、人々は何が起こったのかと見に来た。そして、イエスのもとに来て、悪霊に憑《つ》かれていたあの人、すなわち、レギオンを宿していた人が正気に返り、衣服を着けて座っているのを見て、恐れをなした。この出来事を見ていた人たちは、悪霊に憑かれた人の身に起こったことや、豚のことを、人々に詳しく話して聞かせた。すると人々は、イエスにこの地方から出て行くようにとしきりに頼んだ。　5・11～17

この世に奇跡なんてあるのでしょうか。奇跡とは、自然では起こりえないことが行われることをさしています。死んでいる人が生き返ったり、急に病気が治ったり、荒れ狂う海が一瞬にしてなぎになったりといった特別な出来事のことです。常識を旨《むね》としている私たちは、奇跡物語などを聞いても、本当かなと思ってしまいます。聖書は数限りないほどの多くの奇跡物語を載《の》せています。これらは荒唐無稽《こうとうむけい》なつくり話と片付ける人がいるのは確かです。しかし、聖書をしっかり読むと、それらの物語には特別な意味が隠されていることがわかります。自然では起こり得ない出来事を語ることで、その物語は私たちに伝えたいことがあるのです。その伝えたいことを奇跡物語の中に読み取っていくことが大切となります。

マルコの福音書の中に「ゲラサの悪霊憑《つ》き」（5・1〜10）という物語があります。とても奇妙な物語です。ある町に悪霊にとりつかれた男がいて、泣いて叫んで、暴れまわって、町の厄介者《やっかいもの》でした。人々は彼を鎖《くさり》で縛《しば》り、墓場に閉じ込めたのですが、男は鎖を断ち切り、墓場から出ては暴れるということを繰り返すのでした。その男の前にイエスが現れたのです。男は墓場からまっしぐらにイエスのもとに走って来て、悪霊から自由にしてくれと頼みました。悪霊は力あるイエスを見て、この男から出ていくが、代わりにその近くに草を食べている豚の群れに移らせてくれと頼みました。イエスが悪霊に「出ていけ」と言うと、悪霊は豚の大群に移り、豚は気が狂ったように走りだし、崖から落ちて全部死んでしまいました。豚の数は二千頭だったということです。この話を聞いて皆さんはどう思いますか。なんのことやらさっぱりわからない物語と思うことでしょう。

悪霊にとりつかれた男というのは、ひょっとするとこの私、あるいはあなたなのかもしれません。自分の中で、自分でもどうすることもできない凶暴な何かにとりつかれているのです。そこから解放されるために、必死に何かにすがり、しきりに叫ぶのです。そのとき周りからは変人、気違《きちが》いと見られてしまうのです。悪霊は私に住み着いて、私を思うがままに扱います。悪霊の言いなりに、自分を傷つけたり、暴れまわったり、引きこもってしまったりということを繰り返す私なのです。イエスはこの男、この私をあわれに思い、「出ていけ」と悪霊に命令します。私ができること、それはこの悪霊から解放してくださいとイエスに願うことだけなのです。

この男が正気に戻るのをいやがったのは、町の人々だったという皮肉な結末をこの物語は載せています。「男が正気に返り、衣服を着けて座っているのを見て」人々は「恐れをなした」（5・15）のです。そして人々は「イエスにこの地方から出ていくようにとしきりに頼んだ」（5・17）のです。今までこの男をなんとかしてくれと頼んだその口で、イエスを追い出しにかかったのです。人間のいやらしさが、よく表れている物語です。

奇跡物語とは、特別な出来事を語っているのではなく、その物語をとおして人間の性《さが》の哀《かな》しさを語っているのです。あるいは神さまがなさることの偉大さを語っているのです。「ゲラサの悪霊憑き」の物語をとおして、もがき続ける人間の姿とその人間に注がれる神さまの目を読み取ることができます。またいやらしい人間の姿も見せてくれているのです。これらは私たちへの呼びかけです。悪霊にとり憑《つ》かれるのも私ですし、イエスを追い出しにかかるのも私だというように読んでみると、奇跡物語に大きな意味があることがわかります。

九　すがる

マルコ５・21〜43

その中に、十二年もの間、出血病を患《わずら》っている女がいた。この女は多くの医者にかかって、かえってひどく苦しめられ、自分の持ち物をことごとく使い果たしたが、何の甲斐《かい》もなく、病《やまい》はますますひどくなるばかりであった。イエスのことを聞いた彼女は、群衆に交じり、後ろのほうからイエスの衣に触《ふ》れた。イエスの衣にさえ触れることができれば、救われるに違いないと思っていたからである。すると、立ちどころに血の源が乾いて、病気が治ったことを体に感じた。イエスもまたすぐに、ご自分の中から力の出ていったことに気づいて、群衆のほうを振り返り、「わたしの衣に触れたのは誰か」と仰せになった。そこで弟子たちは言った、「ご覧のとおり、群衆があなたの周りに群がっています。それなのに『わたしに触れたのは誰か』とおっしゃるのですか」。しかし、イエスは、ご自分に触れた者を見ようとして、辺りを見回された。すると、彼女は自分に起こったことを知り、恐れおののきながら進み出て、イエスのもとにひれ伏し、すべてをありのままに申しあげた。そこでイエスは仰せになった、「娘よ、あなたの信仰があなたを救った。安心して行きなさい。もうこの病気に悩むことはない」。5・25〜34

一行は会堂司《かいどうつかさ》の家に着いた。イエスは、人々がわめき、大声で泣き騒いでいるのをご覧になり、中に入って人々に仰せになった、「どうしてあなた方は泣きわめいているのか、子供は死んだのではない。眠っているのだ」。人々はイエスをあざ笑った。しかし、イエスはみなを外に出し、ただ、子供の父と母と、自分の供の者だけを連れて、子供のいる所へ入っていかれた。そして、子供の手を取って、「タリタ・クム」と仰せになった。——その意味は「少女よ、わたしはあなたに言う。起きなさい」である。すると、少女はただちに起き上がって、歩き回った。十二歳になっていたからである。これを見るや、人々は驚きのあまり口もきけなかった。イエスは、このことを誰にも知らせないようにと、きびしく命じ、また少女に食べ物を与えるように仰せになった。5・38〜43

これから、聖書の中で一番美しい箇所を読むことになります。新しい時代を生きる人に求められるのは、神さまにすがる心です。これは冒頭の序でお話ししたように、新しい時代は、聖霊が上から降り、洗礼によって新しく生まれ変わった人がつくり出すものです。「すがる心」ということをよく表しているのが、マルコ五章二十一節から四十三節に出てくる出血病の女の癒《いや》しの話です。

可哀想な一人の女、彼女は血が止まらない出血病に十二年も悩まされていました。ユダヤでは、血が流れるとは汚《けが》れているとみなされていました。汚れた女と考えられていて、彼女は周りの人から蔑《さげす》まれていました。「多くの医者にかかって、かえってひどく苦しめられ」ていました。医者にだまされて全財産を使い果たしていました。無一物になって、ぼろのように捨てられたのでした。

この女はイエスのことを聞いて、この人しか自分を救ってくれる方はいないと信じて、町に入ってきて、イエスに近づいたのでした。そして「後ろのほうからイエスの衣に触れた」（5・27）のです。この種の病気の人は汚れた者とみなされていたので、公に触れるのを彼女はためらったのでした。しかし、「イエスの衣にさえ触れることができれば、救われる」（5・28）と信じていたのでした。彼女は病が治されるというより、自分の状況から救われるということを願っていたのでした。病気にかかって以来、自分を悩まし続けたすべてのことから立ち直りたいと希望していたのでした。ともかく新しい人生を歩みたかったのです。イエスは、この女の強い思いに心を動かされて、「娘よ、あなたの信仰があなたを救った」と告げます。その瞬間に出血病が治りました。イエスは、彼女が強く願ったから、その信じる力によって治ったと告げたのです。

「すがる」とはこういうことです。この人しかいないという思いの丈《たけ》を、思い切りぶっつける行為です。治っても治らなくても、との「のらりくらり」のお願いではありません。何がなんでも治してもらいたいという必死の思いなのです。現代人の私たちに一番欠けているのは、この必死の思いかもしれません。「このくらいで」、「まあまあ」で引き下がってしまうのです。いつもあいまいで、何でもいいのです。

従って必死になって祈るという意味が理解できないのです。

きっとこの女は初代教会で、集会の折にでも、自分が触れたイエスの感触を話して聞かせたことでしょう。それが聖書に残っていきました。聖書のこの箇所を味わって読むと、その女の息遣《いきづか》いが私たちにも伝わってくるようです。


出血病の女の話は、ヤイロの娘の癒《いや》しの物語にはさまれて語られています。出血病の女が必死にすがっているのを目撃した男がいました。彼は、ユダヤ人が集まって礼拝をささげる会堂の司《つかさ》でした。以前はイエスに興味をもたなかったのですが、目に入れても痛くないほど可愛がっていた娘が死にそうになったとき、イエスに会いに来たのでした。この娘は十二歳でした。出血病の女は十二年間病気に苦しめられていました。十二年間幸せに過ごした娘と十二年間苦しみのどん底に生きた女が同時に癒されるのです。

ヤイロは会堂の司《つかさ》であって、社会的には身分の高い人でした。その人も娘のいのちが危なくなり、自分ではどう仕様もない瀬戸際に追い込まれたとき、ひれ伏して願うという行動に出ました。しかし、出血病の女の信仰とは違う、何かがひっかかっている信仰でした。イエスは彼の家に歩いて向かいました。その途中で、出血病の女が治された事件を目撃したのでした。この道中での出来事に、イエスに対してのヤイロの信頼は絶対のものと変わっていったのです。人が信仰に至る道はいろいろあっていいのです。ただし、自ら行動して求める、願うということがなければ信仰への道は開けません。イエスは途中で「娘は死んだ」という知らせが入っても、そのまま道を歩き続けます。イエスは人の必要に答えるためには、決して歩《あゆみ》をゆるめません。

　娘の部屋に入って、イエスは力を込めて命じます。「タリタ・クム、娘よ、わたしはあなたに言う。起きなさい」（5・41）……この「タリタ・クム」というアラム語は初代教会で翻訳されないまま使われていたようです。翻訳すると原語の力強さが失われるように思えたからです。聖書の中には原語のアラム語がいくつか残されています。いずれも短くて、覚えやすい単語です。娘は起き上がり、出されたものを食べたのでした。

これは、二人の女性と会堂の司が、どのように教会に入ったかを語っている物語です。教会は、神さまにすがることの大切さを教えています。すがるということは、自分をさらけ出すことがまず最初の行為です。それは、神さまにすがってことは必ず成就《じょうじゅ》するという信念に基づいているからです。恵まれていると、なかなかこの「すがる」という信仰に到達するのは困難です。しかし、自分の限界をいやというほど知らされる体験をするとき、そのときこそ信仰に入る良き訪れのときとなります。

十　宣教するとは

マルコ6・7〜13

〔イエスは〕十二人を呼び寄せ、二人ずつ宣教に遣《つか》わすことを始められた。その時、汚《けが》れた霊に対する権能《けんのう》を彼らに与え、途中では、杖《つえ》一本のほかはいっさい、パンも袋も、また帯の中に小銭も持たないように、また、履《は》き物《もの》は履いてもよいが、下着は二枚着ないようにと戒《いまし》められた。イエスはさらに仰せになった、「どこでも、ある家に迎えられたなら、その土地を去るまでは、その家に留まりなさい。もし、あなた方を歓迎せず、あなた方の言うことを聞こうともしないところがあったなら、そこから出ていくとき、彼らに対する証《あか》しとして、足の裏の塵《ちり》を払い落としなさい」。そこで、弟子たちは出ていき、人々に悔《く》い改めるようにと宣べ伝え、また多くの悪霊を追い出し、多くの病人に油を塗って癒やした。

6・7〜13

昔はヨーロッパから宣教師が、キリスト教国でない国に派遣されて、その国の人々をキリスト教徒にすることが宣教と考えられていました。ヴァチカン市国の聖省の一つに「福音宣教省」という組織があります。カトリック教会の宣教事業の大元《おおもと》です。オードリー・ヘップバーン主演の映画『ローマの休日』でソフトクリームを頬ばる場面があったのを覚えておられるでしょう。あの広場にあるのが、この「福音宣教省」です。

この「福音宣教省」は以前「信仰宣布省」と呼ばれていました。キリスト教を宣布する、または宣伝するという意味です。キリスト教を世界に広めて、世界を征服するといった印象を与えた言葉です。

十六世紀キリスト教が日本に伝わった時代、西欧諸国の国家事業としての宣教ということがありました。宣教師の生活を支えたのも国家ですし、教会の指導者となる人たち（司教、修道院院長）の任命にも国家が携《たずさ》わっていたのです。「剣と十字架」が宣教の要《かなめ》にもなっていました。それだけに宣教の弊害もありました。

「イエスは十二人を呼び寄せ、二人ずつ宣教に遣わすことを始められた」(6・7)。「二人ずつ」とは賢明なやり方でした。一人で行く自信もないこともあるでしょうし、暴走することもあり得るからです。彼らには「汚れた霊に対する権能」(6・7)が与えられました。宣教というのは、人間の心に巣食っている悪への傾きに対して戦うことを勧めることです。自分をしっかりと見つめ、自分の欲望に対して戦うように仕向けるのです。前の項でも話しましたが、宣教者が自分の言葉で伝える真理は、必ず聞いている人の心を打つものです。ひいては、聞いている人にその考え方や思いを変えさせるのです。イエスが望んだ宣教は、自分の生き方をイエスの言葉によって変えるまでに至ることをさしていたのです。その宣教者の基本的姿勢を表したのが次の箇所です。

「杖一本のほかはいっさい、パンも袋も、また帯の中に小銭ももたないように、また、履物は履いてもよいが、下着は二枚着ないようにと戒められた」(6・9)。

要するに宣教者になる条件は何ももたないということです。教えを伝えるためには、自分を捨ててかからないといけません。何かものを恵《めぐ》んであげて人の気持ちを引きつけようとするのは邪道です。

ここで面白い考察ができます。ルカの福音書には同じことが言われていますが、少し違っているのです。「旅には、何も携《たずさ》えてはならない。杖も袋も、パンや金も、また下着も二枚もってはならない」（ルカ９・３）。ルカはマルコより十年後に福音書を書いています。六〇年代の教会と七〇年代の教会には違いが生じたのでしょう。六〇年代には杖を持ち、靴を履いてよいと言っていたのですが、七〇年代にはそれらを禁じているのです。もっと厳しくなっていることがおわかりでしょう。

ということは、宣教者の生活が少しずつ豊かになり、宣教することで裕福になったということです。教会の首脳部がそれを引き締めにかかったのでした。その結果、杖も靴もない、まったくの裸で宣教の事業にとりかかる心がけをもつ、これを再確認させたのでした。教会勤めでお金が入り、周りからちやほやされるのを戒《いまし》めていますす。お金があると、いつの間にか怠惰《たいだ》になり、人並みの幸福を求めてしまう、これを宣教者に戒めた箇所がルカのそれでした。宣教する人には、神の手に全部を委《ゆだ》ねて生きることが、まず求められます。

その次に、人々の反感をわざと買うような表現をイエスは使っています。「どこでも、ある家に迎えられたなら、その地を去るまでは、その家に留まりなさい」（6・10）、宣教者は人の家に泊まって仕事をするのが常でした。最初の教会は「家庭教会」といって、個人の家が教会のために使われていました。何か実りが出るには少し長く留まる必要があります。家の人と共同して宣教の仕事をする必要があったのでしょう。実際エルサレムの最初の教会はマルコの家でした。ローマのコロセオの近くにあるサン・クレメンテ教会は、当時クレメンテの自宅だったものが現在の教会につくり替えられたのでした。

しかし、ただで飲み食いし、都合の良いことをおしゃべりし、お金をくすめ取る聖職者には事欠きませんでした。彼らを「浮浪聖職者」と呼んで、教会は常に嫌ってきました。甘えがいっぱいの宣教者たちです。宣教者になるためには、ある種の厳しさ、威厳が必要です。何でもよいという態度ではありません。

イエスは、「もし、あなた方を歓迎せず、あなた方の言うことを聞こうともしないところがあったなら、そこから出ていくとき、彼らに対する証しとして、足の塵《ちり》を払い落しなさい」（6・11）と言います。「足の塵を払いなさい」とは、きっぱりと縁を切るという決意です。何か相手に媚《こ》びるような態度とか、まあまあで過ごそうとする気持ちとかを断ち切ることを述べています。

言葉をどうしても聞いてもらわないといけないという考え方ではありません。一つのことがうまくいかなければ、別のところにいけば良いのです。ある人とうまくいかなければ、別の人のところに行けば良いのです。

十一　一緒に食事する

マルコ6・30〜44

そこでイエスは仰せになった、「パンがいくつあるか見て来なさい」。弟子たちはそれを調べてきて言った、「五つあります。それに魚が二匹です」。そこで、イエスはみなを組に分けて青草の上に座らせるように、弟子たちにお命じになった。人々は百人ずつ、あるいは五十人ずつまとまって座った。そこで、イエスは五つのパンと二匹の魚を取り、天を仰ぎ、賛美をささげてパンを裂《さ》いて、弟子たちに渡し、みなに配らせ、二匹の魚もみなに分け与えられた。みなは満腹するまで食べた。そして、残ったパン切れと魚を集めると、十二の籠《かご》にいっぱいになった。パンを食べた人は男五千人であった。

6・38〜44

現代の問題の一つは、親子が一緒に食事しないことと言われています。あるいは、食事ができないようにしている社会にあると考えられます。父親は仕事、子どもは塾や習いごと、母親はお勤めといった具合で食事が一緒にできない。たまの日曜日くらいと思うけれど、そこもお付き合いとか、クラブ活動とかで、まったく一緒になることができない。こういう社会の中で、どうすれば一家団欒をもつことができるのでしょう。

聖書の中には驚くほど多くの食事の場面が登場します。新約聖書でも同様です。イエスは食べることを大事にしています。特に一緒に食べることに特別な意味をもたせています。ガリラヤで宣教していた折、あまりにも忙しくて人を避けて、人里離れたところに行ったことがあります。そのことを知った群衆は、イエスと弟子たちの後を追って砂漠まで来てしまいました。砂漠でも人々はイエスの話を食い入るように聞き入っていました。イエスはこれらの人たちの「牧者のいない羊のようなそのありさまを、憐れに思い、いろいろと教え始められた」(6・34) と述べています。

「牧者のいない羊」というのは、旧約聖書では「良い指導者をもたずに、各自が勝手にばらばらの方向に走り出す」ということをさしています。イエスが見た人々は主にユダヤ人でした。当時のユダヤ人を、イエスは適当な指導者がなく、一致していない国民として気の毒に思ったのでした。現代の日本の政治も似たものかもしれません。ローマに対してむき出しに抵抗する人々がいたり、妥協して自分の取り分を考えたり、委縮してともかく日々を生きることに終始したりと、ままならない政治状況がありました。宗教界も同様に、日和見主義《ひよりみしゅぎ》とか、国粋主義《こくすいしゅぎ》とか、ともかく大きく分裂していました。

イエスが気の毒に思ったのは、ばらばらであり、一致がない状況におかれて、しかも生きる意味を求めてイエスのところに押し寄せてくる人々でした。その彼らに、イエスが与えたのはパンでした。弟子たちは日が暮れてきたので、彼らを家に帰すようイエスに頼みます。イエスは弟子たちに、自分たちでパンを探すように命令します（6・35〜37）。弟子たちが、人々をばらばらに解散させようとするのに対して、イエスは、彼らをばらばらにさせてはいけないと厳しく命令しました。

食事は人々を一つにさせます。一緒に食べることで、人々は一日の喜びや悲しみを分かち合います。イエスが行ったパンの増加の奇跡とは、人々が一つになるためのものでした。だから、イエスは人々を「百人ずつ、あるいは五十人ずつ組に分けて」（6・40）座らせたのです。秩序を与えるパンだったのです。

パンの増加は、初代教会が行っていた典礼を思い起こさせてくれます。「そこで、イエスは五つのパンと二匹の魚を取り、天を仰《あお》ぎ、賛美をささげてパンを裂《さ》いて、弟子たちに渡し、みなに配らせた」（6・41）。この言葉は、イエスが処刑される前の晩、弟子たちと食事をとったときの言葉とまったく同じです。「さて、一同が食事をしているとき、イエスはパンを取り、賛美をささげて、これを裂き、弟子たちに与えて仰せになった」（14・22）とマルコは書いています。パンの増加の奇跡は人々を一致させるためでした。同様に、最後の晩餐《ばんさん》も、弟子たちを一つにさせるためのものでした。イエスの死を見たとき、すべてが終わったと思い込んで、弟子たちはちりぢりに散ってしまいました。ちりぢりの状態から一つの共同体にするために、弟子たちに与えたのがパンだったのです。

この最後の晩餐《ばんさん》を記念して、教会は毎日、ミサという典礼の儀式を行います。そのたびごとにパンをいただき、食卓を囲む兄弟たちと人々の救いのために祈ります。キリストの名において兄弟であることを確かめるのです。一緒に食事をして、憎み合うことはできません。食事を一緒にした人たちに対し、その後で悪口を言うのはいただけません。カトリック教会の集会で一番大切なのはこのミサですし、その中でお互いが共に食卓を囲む兄弟であることを確かめるのです。

パンの増加は、最後の晩餐を思い起こさせるし、初代教会からの礼拝の形式をわからせてくれています。最後の晩餐では「取りなさい、これはわたしの体である」ともイエスは言っています。これをカトリック教会では、イエスは自分をパンのかたちで与えたと常に解釈しました。カトリック教会の礼拝に参加されたら、それがおわかりになることでしょう。信者は列をなして、パンをいただきに参ります。それは、イエスの体をいただいて、イエスとともに生きるということを表しているのです。イエスの食卓に招かれて食事をするだけでなく、イエス自身をいただく食卓に招かれたということなのです。イエスをいただいた信者たちは、イエスの体を分け合う真の兄弟なのです。一緒に食卓を囲み、共に主《しゅ》を分かち合う兄弟なのです。

気をつけないと分裂は容易に起こります。些細《ささい》な行き違いからも起こりますし、自分の勝手な思い込みからも起こります。不信感から信頼を失い、疑心暗鬼《ぎしんあんき》の中で仲たがいし、派閥を生み、闘争に駆り立てていくのは悪魔の常套手段《じょうとうしゅだん》です。信頼を取り戻し、平和と一致をつくり出すのは、天からのパンをいただく礼拝にあると私たちは信じています。同様に、食卓を囲む家庭から平和と一致がこの世界に実現するとも信じています。これを機会に、家族が食卓を囲むことの大事さを再確認したいものです。

十二　人を汚《けが》すもの

マルコ7・1〜23

さて、ファリサイ派の人々とエルサレムから来たいく人かの律法学者たちとが、イエスのもとに集まった。そして、彼らは、イエスの弟子たちのうちのある者が汚《けが》れた手で、すなわち、手を洗わないで、食事をしているのに目を留めた。事実、ファリサイ派の人々をはじめユダヤ人はみな、昔の人の言い伝えを固く守り、念入りに手を洗わずには食事をせず、また市場から持ち帰った物は、まず水で清めてからでなければ、それを食べることはなかった。なおこのほかにも、杯《さかずき》、鉢《はち》、銅器《どうき》、並びに寝台《しんだい》を洗い清めることなど、守るように伝えられていることがたくさんあった。――そこで、ファリサイ派の人々と律法学者たちはイエスに尋ねた、「どうしてあなたの弟子は昔の人の言い伝えどおりに振る舞わず、汚れた手で食事をするのか」。イエスは仰せになった、「イザヤはいみじくもあなた方偽善者についても預言した。それはこう書き記している。

『この民は口先ではわたしを敬うが、その心はわたしから遠く離れている。彼らはわたしを拝むが、むなしいことである。彼らの教える教えは人間の造った戒《いまし》めであるから』。

あなた方は神の掟《おきて》をなおざりにし、人間の言い伝えを固く守っている」

7・1〜8

それから、イエスは再び群衆を呼び寄せて仰せになった、「みな、わたしの言うことを聞いて悟りなさい。外から人の中に入るもので、人を汚《けが》すことができるものは何一つない。人の中から出て来るものが人を汚すのである」。そして、イエスが群衆を離れて家に入られると、弟子たちはこの喩《たと》えについてイエスに尋ねた。すると、イエスは仰せになった、「あなた方もほかの者と同じように悟らないのか。外から人の中に入るものはどんなものでも、人を汚すことはできないということが分からないのか。それは人の心の中に入るのではなく、腹の中に入り、厠《かわや》に出

されてしまう」。このようにイエスは、食べ物はすべて清いものであると宣言さ
れた。さらにまた仰せになった、「人から出てくるもの、それが人を汚すのである。
内部、すなわち人の心の中から邪念《じゃねん》が出る。姦淫《かんいん》、盗み、殺人、姦通《かんつう》、貪欲《どんよく》、悪《あく》
行《ぎょう》、詐欺《さぎ》、卑猥《ひわい》、妬《ねた》み、誹《そし》り、高慢《こうまん》、愚かさなど、これらの悪はすべて内部から
みな出て、人を汚すのである」

7・14～23

生活するためには手を使います。炊事場で魚を切ったり、肉を焼いたり、野菜を洗ったりします。外出すると、電車のつり革にぶらさがったり、机の前に座ったりと多くの物に触れます。手洗いにも行くし、人が使ったタオルで手を拭くこともしばしばです。人間の生活はすべて汚《けが》れているといっても構いません。神経質の人でしたら、しょっちゅう手を洗っていないと気がすまないということもあり得ます。

ところで、ユダヤ人たちは、この汚れということにとても神経質でした。「念入りに手を洗わずには食事をせず、また市場から持ち帰った物は、まず水で清めてからでなければ、それを食べることはなかった。なおこのほかにも、杯、鉢、銅器、並びに寝台を洗い清めることなど、守るように伝えられていることがたくさんあった」（7・3〜4）。市場で買い物した後は、買ってきたものを念入りに洗い、自分もシャワーを浴びて身を清めるのでした。もっと詳しい規則があり、「レビ記」や「民数記」を読むと頭が痛くなるほどです。また清い食べ物と不浄《ふじょう》な食べ物とに規定があって、不浄な食べ物とは何かという規定がたくさんついていました。

こういう決まりがあるところに、あまりそんなことは気にしない気まぐれの若者たちがいました。それがイエスの弟子たちだったのです。鵜《う》の目鷹《たか》の目でイエスを陥《おとし》いれようと企《たくら》んでいた人々の前で、弟子たちは手を洗わないで食べたのです。ファリサイ派の人たちと律法学者たちはすぐにイエスに抗議しました。

ファリサイ派は熱心なユダヤ教徒で、旧約聖書に書かれている掟《おきて》をよくわかっていました。律法学者は旧約の掟を研究している学者でした。彼らは、これはよい機会と思ったでしょう。しめしめと揉《も》み手をしたかもしれません。「どうしてあなたの弟子たちは昔の人の言い伝えとおりに振る舞わず、汚れた手で食事をするのか」（7・5）と言い寄ったのでした。イエスの答えは痛快です。「あなた方は神の掟をなおざりにし、人間の言い伝えを固く守っている」（7・8）。人間を掟でがんじがらめに縛りつけようとする、その魂胆《こんたん》に腹をたてているのです。さらに「あなた方は自分たちの言い伝えを大切にするあまり、よくも神の掟をないがしろにしたものだ」（7・9）と言ってのけたのです。大切なのは、今まで守ってきた習慣ではなく、今ここに生きている人だと言いたかったのです。手を洗わなくても、寝台を清めなくても、それで人間がだめになるというのではない。むしろそんなことにこだわって人を痛めつつけようとするその魂胆が人を汚すのです。

それから人を汚すものは何かをイエスは人々に話しています。長い文章ですが、全文を読みましょう。

「みな、わたしの言うことを聞いて悟りなさい。外から人の中に入るもので、人を汚すことのできるものは何一つない。人の中から出てくるものが人を汚すのである」(7・14〜15)。『外から人の中に入るものはどんなものでも、人を汚すことはできないということが分からないのか。それは人の心の中に入るのではなく、腹の中に入り、厠に出されてしまう』。このようにイエスは、食べ物はすべて清いものであると宣言された」(7・18〜19)。「人から出てくるもの、それが人を汚すのである。内部、すなわち人の心の中から邪念が出る。姦淫、盗み、殺人、姦通、貪欲、悪行、詐欺、妬み、誘り、高慢、愚かさなど、これらの悪はすべて内部から出て、人を汚すのである」(7・20〜23)。

これ以上、説明する必要はないでしょう。清い食べ物とか不浄なものとか、そんなことはどうでもいいのです。屁理屈《へりくつ》をこねて、法律を盾《たて》にとって、人を困らせるようなことをしてはいけないのです。法律は人のためにあるのであって、その反対ではありません。何でも裁判で解決しようとする現代、もう少し当事者の必要を考えたらいかがかなと思う昨今です。

最後にパウロがガラテヤの人々に宛てた手紙を引用します。パウロは、肉の業《わざ》と霊の業《わざ》について、次のように語っています。

「肉の業《わざ》は明らかです。すなわち、姦淫《かんいん》、猥褻《わいせつ》、好色《こうしょく》、偶像礼拝《ぐうぞうれいはい》、魔術、敵意、争い、そねみ、怒り、利己心《りこしん》、不和、仲間割れ、妬《ねた》み、泥酔《でいすい》、度外《どはず》れた遊興《ゆうきょう》、その他このたぐいです。——中略——霊の結ぶ実は、愛、喜び、平和、寛容《かんよう》、親切、善意、誠実、柔和《にゅうわ》、節制《せっせい》です」(ガラテヤの人々への手紙5・19〜23)

十三　イエス、孤独の中で開眼　マルコ7・24～30

さて、イエスはそこを立ち去り、ティルスの地方に行かれた。そして家に入り、誰にも知られたくないと思っておられたが、隠れ通すことはできなかった。汚《けが》れた霊に憑《つ》かれた幼い娘をもつ一人の女が、すぐにイエスのことを聞いて駆けつけ、その足元にひれ伏した。この女は異邦人《いほうじん》で、シリア・フェニキアの生まれであったが、娘から悪霊を追い出してくださるよう願った。するとイエスは仰せになった、「まず子供たちに満腹するまで食べさせよう。子供たちのパンを取って子犬に投げ与えるのはよくないことだ」。そこで、女は答えた、「主よ、ごもっともです。でも、食卓の下にいる子犬も、子供たちのパン屑《くず》を食べます」。そこで、イエスは仰せになった、「それほどに言うのか。よろしい、帰りなさい。悪霊はあなたの娘から出ていった」。そこで、彼女が家に帰ってみると、子供は床の上に横たわり、もう悪霊は出てしまっていた。

7・24・～30

「さて、イエスはそこを立ち去り、ティルスの地方に行かれた」(7・24)。「さて」で始まっていますが、この話の前にイエスをうんざりさせる話が載せられているのです。弟子たちを宣教に遣《つか》わしたとき、弟子たちが成功したとうぬぼれているのをイエスは見ていました(6・30)。パンの増加の奇跡を見ても、さっぱりその意味がわからない弟子たちでした(6・52)。話しても決して理解しない弟子たちの姿をまず見せています。ついで、何をしても理解しないイエスの家族や郷里の人たちの話があります(6・4)。ファリサイ派の人々や律法学者は、汚《けが》れの掟《おきて》を守らないとイエスに脅迫《きょうはく》めいた抗議をしています(7・5)。イエスはこれらの人々にほとほと疲れています。「さて」とは、こんな心境にあるイエスはどこに歩いて行ったかを問うことから物語を始めます。

「ティルスの地方」というのを地図(二五四頁掲載)で確かめてみてください。ガリラヤから遠く離れた、地中海に面したシリアの町です。ずいぶん遠いところにイエスは旅しています。どうも弟子たちは一緒でないようです。しかも「そして家に入り、誰にも知られたくないと思っておられた」（7・24）のです。遠いところに逃げたと解釈するほうが正しいようです。弟子たちにも、身内の者にも、同国の人々にもうんざりしたイエスは、皆から離れて遠くに旅立ち、一人家に閉じこもろうとしたようです。

そこにフェニキア地方の女が現れます。「汚れた霊に憑かれた幼い娘をもつ」（7・25）女でした。精神を患《わずら》っている娘だったのでしょう。現代でも多くの親たちが、精神を痛めている子どもを抱えて、病院をさまよい歩いている現状を目にします。誰も何もできないのがこの種の病《やまい》です。精神科の医者とか、あるいはカウンセラーができる限りのことをするのですが、ほとんどの場合、生涯それに悩まされる人が多いというのが実情です。この母親は、すがりつく思いでイエスに近づきます。ところが、イエス自身が精神の病にとりつかれているかのような錯乱状態《さくらんじょうたい》にいたのです。こうしてそっけない会話が始まります。

「まず子供たちに満腹するまで食べさせよう。子供たちのパンを取って、子犬に投げ与えるのはよくないことだ」（7・27）。実に失礼な言い方です。何とこの子を「犬」と呼んだのです。「子犬」といったのでちょっとは救われるけど、この言葉もいただけません。ユダヤ人でない、このフェニキアの女のことを「犬」と蔑《さげす》んだのです。現代なら人権違反ということで民事裁判にでも訴えられそうです。まずユダヤ人に、ついで異邦人にという構図をイエスは守っているのです。ユダヤ人と異邦人を区別してかかっています。まるで先ほどの律法学者と同じです。

ところが、この女はもっと賢明で立派です。きっとなって怒っても不思議でないのに、冷静にイエスに答えたのです。「主よ、ごもっともです」とイエスをもち上げて、それから、「でも、食卓の下にいる子犬も、子供たちのパン屑《くず》を食べます」（7・28）と答えたのです。この女は旧約聖書の一節を思い起こしていたのです。「レビ記」といって、ユダヤの掟を書いた本が旧約聖書の中にあります。あまり面白いとはいえない本です。そこに次の一節を読むことができます。

「お前たちが自分の土地の刈り入れをするとき、お前は畑の隅まで刈り尽くしてはならない。またお前の刈り入れの落ち穂を拾ってはならない。――中略――それらは貧しい人や他国の者のために、残しておかなければならない」（レビ19・9〜10）
イエスに言ったことはこんなことでした。〝イエスさま、あなたは聖書をよくご存じですよね。そこには麦を全部刈り取らないで、落ち穂を異邦人のために残しておくようにと書いています。私たちのことが書かれているのではないでしょうか〟と。見事な答えです。イエスはぐうの音も出せませんでした。
こうして、イエスはティルスを去り、長い道をとってガリラヤに戻って行きました。その途中で人が変わったように元気になって、砂漠を通ったときなど、「エッファタ、開け」（7・34）と大きく叫ぶのでした。「開け、門」と叫んだアラビアン・ナイトを思い出せる奇跡を行っています。イエスさへ孤独の中にあるとき、ある種の思い込みにとらわれたのでした。まして、私たちも孤独にあるときには思いもしない間違いをしでかします。しかし、それに気づいたときこそ次のステップを踏む良いチャンスとなるのです。ピンチをチャンスに活かせ！

十四　キリスト教は全世界に広がる宗教

マルコ8・1〜13

そのころ、また大勢の群衆がいて、何も食べ物を持っていなかったので、イエスは弟子たちを呼び寄せて仰せになった、「この群衆がかわいそうだ。もうすでに三日間わたしと一緒に過ごし、今、食べる物を何も持っていない。もし空腹のまま家に帰らせたら、途中で倒れてしまうであろう。中には遠くから来ている人もいる」。弟子たちは答えた、「この人里離れた所で、これらの人々に、満腹するまでパンを食べさせることができましょうか」。するとイエスは「パンはいくつあるか」とお尋ねになった。弟子たちは、「七つあります」と答えた。そこで、イエスは群衆に、地面に座るように命じられた。そして七つのパンを取り、感謝をささげて、これを裂いて、群衆に配るように弟子たちにお渡しになった。そこで、弟子たちはそれを群衆に配った。また小魚も少しばかりあったので、イエスはそれらを前にして賛美をささげ、これも配るようにと仰せになった。人々は満腹するまで食べ、余ったパン切れを集めると、七籠《かご》あった。およそ四千人の人々がいた。それから、イエスは彼らを解散させ、すぐに弟子たちとともに舟に乗り、ダルマヌタ地方に行かれた。

　すると、ファリサイ派の人々がやって来て、イエスに議論をしかけ、イエスを試みようとして、天からの徴《しるし》を求めた。イエスは、心から深く嘆息して仰せになった、「どうして今の時代は徴を求めるのか。あなた方によく言っておく。今の時代には決して徴は与えられない」。そして、イエスは彼らから離れ、再び舟に乗って向こう岸に行かれた。

8・1〜13

初代教会で一番大きな問題は、ユダヤ教から出発したキリスト教が、どのようにユダヤ人でない人に伝えられていくかということでした。当時の教会の状況を理解するために、「使徒言行録《しとげんこうろく》」という聖書の中の本の第十章一節から四十七節をマルコの福音書のお話をする前に、一緒に読んでみましょう。

ここには、教会の中心人物であったペトロが異邦人《いほうじん》（ユダヤ人でない人）であるローマ軍の隊長コルネリウスに洗礼を授《さず》けるまでのいきさつが書かれています。

初代教会の当時、エルサレムやイエスが生まれたナザレ等のパレスチナ一帯はローマによって支配されていました。地中海に面したカイサリア（二五四頁地図参照）という大きな町にローマ総督の城があり、そこにローマ軍の部隊が駐屯《ちゅうとん》していました。コルネリウスという人がイタリア隊と呼ばれる部隊の隊長を務めていました。イタリア隊はイタリア出身のローマ市民によって編成されていましたので、コルネリウスはイタリア人だったようです。

ある日の午後三時ごろ、コルネリウスは夢を見ます。神の使いが現れて、「ヤッファに人を遣《つか》わして、ペトロとも呼ばれているシモンと言う人を招きなさい」（使徒言行録10・5）というお告げを受けます。その翌日の昼十二時ごろ、今度はヤッファ（二五四頁地図参照）にいたペトロが夢を見ます。その夢は、「四隅を吊るされた大きな敷布のような容れ物が地上に降りて来るのを見た。その中には、地上のあらゆる獣《けもの》や、地を這《は》うもの、および空の鳥などがいた。その時、『さあ、ペトロ、屠《ほふ》って食べよ』（同10・13）という声が聞こえました。彼は良きユダヤ人でしたので、「わたしは、今まで一度も清《きよ》くないもの、汚《けが》れたものは食べたことはありません」と答えると、再び声がして「神が清めたものを、清くないなどと言ってはならない」（同10・14〜15）と言いました。夢からさめたペトロは、これは一体なんのことだろうと考えていました。

ちょうどそのとき、コルネリウスの使いが訪れました。次の日、ペトロはコルネリウスの招きに応じ、カイサリアに赴《おもむ》きました。コルネリウスは親戚や親しい友人たちを呼び集めてペトロを出迎えました。そして、ペトロは集まった多くの人々にイエス・キリストの教えを諄々《じゅんじゅん》と説きました。ペトロが話をしているとき、み言葉を聞いていたすべての人々の上に聖霊が降《くだ》りました。ペトロについて来た人たちは皆、異邦人たちにも、賜物《たまもの》である聖霊が注がれるのを見て、驚きました。そして、ペトロはコルネリウスに洗礼を授《さず》けたのでした。異邦人最初の受洗《じゅせん》です。これは教会の新しい出発点となった大事な出来事でした。

ローマの隊長コルネリウスの改宗にあたって、初代教会の中では、ユダヤ教の伝統的な儀式や律法を課せずにローマ人を教会に入れてよいものかどうか、かなりもめましたが、ペトロがこの責任をとり、教会の方向性をしっかりと決めたのがこの物語です。ペトロは、キリスト教は世界のあらゆる国々に広まり、すべての人を迎え入れる宗教であるという決定をしたのでした。しかし、実際、当時の教会は大半がユダヤ人であって、コルネリウスのような人は例外でした。しかし、西暦六〇年代になると、教会の中には逆にユダヤ人でない人が多くなり、それまで多数派であったユダヤ・キリスト教徒と対立することも多くなりました。

さて、マルコの福音書の中で、マルコは二回「パンの増加の奇跡」の話を載せています。単なる繰り返しとは思えません。一回目の「パンの増加の奇跡」はマルコ六章二十節から四十四節に書かれています。ここで話される「パンの増加の奇跡」は、ばらばらに分散した人々を一つにするパンの話しでした。

この話の裏には、なかなか一つにまとまらない、当時の初代教会の実情が浮かびあがってきます。ユダヤ人と異邦人と呼ばれている人たちの間に深い溝《みぞ》があったことを語っています。ユダヤの律法を守り抜いていこうとするユダヤ・キリスト教徒もいれば、信者にはなったけど、従来の習慣をそのまま教会にもち込んだ異邦人もあり、なかなかまとまりがつかないだけでなく、激しい論争にもなったのです。事態は深刻で、何としてでも解決しなければならない状況へと教会は追い込まれたのでした。そこで開かれたのが「エルサレムの使徒会議」(公会議《こうかいぎ》)でした。この公会議では次の二点が主に扱われています。

一、ユダヤ人と、ユダヤ人でないキリスト教徒の間に争いがあったこと

二、その争いの中心点であるユダヤの律法をどのように考えるか

長い議論の末、ついにペトロが立って、「ユダヤ人でない人々には、モーセの律法は何の拘束力もない」と述べたうえ、「わたしたちは主イエスの恵みによって、救われると信じていますが、これは彼ら(異邦人)とて同じことです」と結んだのです(使徒言行録15・11)。

マルコ福音書の二回目の「パンの増加の奇跡」の話は、八章一節から十節に書かれています。ゆっくり読むと一回目の話しと違うことに気づきます。一回目に余ったパンは「十二の籠《かご》」(6・43)、すなわちイスラエルの十二部族を表していました。二回目は「パンは七つ」、そして「余ったパン切れを集めたパンは七籠」でし

た。七という数字は全世界を表しています。パンは全世界のすべての人に与えられる、とマルコは八章で表明したのです。こうやって、「パンの増加の奇跡」の二つの物語をじっくり読むと、当時の教会の状況がよく見えてきます。

キリスト教が世界宗教であるということがわかるには、ずいぶんと時間と労力がかけられたのでした。イエスは弟子たちに「パンの増加の二つの奇跡」によって、「十二」と「七」との意味を弟子たちの心に刻んだのでした。

キリスト教はヨーロッパの人々の独占物ではありません。ある国だけに縛られることはありません。イエスが弟子たちに仰せになった「全世界に行き、造られたすべてのものに福音を宣べ伝えなさい」(16・15)というのがマルコの福音書の最後の言葉になっているのもうなずけます。

第二部　イエスの神秘の啓示

十五　わたしは宣言する

マルコ8・27〜38

さて、イエスは弟子たちを連れて、フィリポ・カイサリア地方の村々へ出かけられたが、その途中、弟子たちに、「人々はわたしを何者だと言っているか」とお尋ねになった。弟子たちは答えた、「洗礼者ヨハネだと言う者もあれば、エリヤだと言う者もあり、預言者の一人だと言う者もあります」。そこで、イエスはお尋ねになった、「それでは、あなた方はわたしを何者だと言うのか」。ペトロが答えて言った、「あなたはメシアです」。すると、イエスはこのことを誰にも話さないようにと、弟子たちをきびしく戒められた。そしてイエスは、人の子が多くの苦しみを受け、長老や、祭司長や、律法学者たちに排斥《はいせき》され、殺され、そして三日の後に復活するはずであることを弟子たちに教え始められた。しかも、あからさまに話された。すると、ペトロがイエスを脇へお連れして、いさめ始めた。イエスは振り返って、弟子たちを見、ペトロを叱って仰せになった。「サタンよ、引き下がれ。あなたの思いは、神のものではなく、人間のものである」。

8・27〜33

現代はグローバル化の時代と言われて久しく、ＩＴの発達で、情報が世界を飛び交《か》っています。得た情報をいかに受け止め、どのように処理していくかが、大きな問題として提示されています。グローバル化の時代の価値観として、相対主義が挙げられます。これも良い、あれも良いという価値観であって、確固とした揺るがない信念のようなものは不要とする見方をしているのです。

フィリポ・カイサリア地方で、イエスは弟子たちに「きみはどう考えているのか」と切り込んだ質問をしています。まず、「人々はわたしを何者だと言っているか」と弟子たちに質問しています。巷《ちまた》では人々はイエスをどう考えているかを聞いているのです。

弟子たちは口々に、〝洗礼者ヨハネだとか、エリヤだとか、預言者の一人だ〟とか言われていると答えました。ここで〝それでは〟とトーンを変えて質問します。「あなた方はわたしを何者だと言うのか」（８・29）。

聞きたいのは、きみがどう考えているかということです。イエスは弟子たちに、自分の考えをはっきり言ってほしいと願っているのです。これを聞いて、弟子たちを代表して、ペトロが「あなたはメシアです」と答えたのでした。まさに正解です。ところが、ここでイエスは、ペトロが思いもつかない話を始めたのです。「人の子は多くの苦しみを受け、排斥され、殺される」（8・31）と。

ペトロは動顛《どうてん》します。自分がメシアだと宣言したのは、もっと強い、もっと偉い、もっと力ある救い主イエスを考えていたからです。そんな方が排斥され、殺され、敗北者となるとはまったく想像もつきませんでした。そこでイエスを脇へ連れていき、そんなことを言ってはいけないと「いさめ始めた」（8・32）のです。

これに対してイエスの反応は非常に厳しいものでした。イエスはペトロをこっぴどく叱ります。何とペトロに「サタンよ、引き下がれ」（8・33）と言ったのです。まさに場面は急転直下です。お前は悪魔だと言われたので、ペトロが動揺《どうよう》したのはよくわかります。自分の考えを言えというから、自分の考えを述べたのに、今度は悪魔とののしられ、ペトロは頭を抱え込んでしまいました。動揺している弟子たちの前で追い打ちをかけるように、イエスは宣言します。「わたしの後に従いたい者は、自分を捨て、自分の十字架を担《にな》って、わたしに従いなさい」(8・34)

若者たちとこの箇所を分かち合ったとき、一人の青年が、ここにいるイエスは精神障碍のある人みたいだと述べていました。ペトロはイエスに振り回されています。

これら一連の物語の中に、信仰するということについての大切な考えが示されています。まず、自分が信じたことを宣言する必要があるということです。幼児洗礼の人は、親に連れていかれて、何となく教会の雰囲気の中で育っています。しかし、この人々も、どこかの時点で〝信じる自分〟に変わる必要があります。さらに自分が信じているという態度を表明する必要もあります。何となくの態度はあやふやであり、信仰が軸となる行動となりません。いつもあやふやな人は、他人にも信頼されないし、神さまにも信頼されません。

さらにこの物語は、もう一つの大事なことを語っています。自分がきちんと歩むためには、イエスの背中を見て歩くということです。ペトロは自分の背中をイエスに見せて、イエスが自分の後ろについてくるように強要したのです。そのために、イエスはペトロを「サタン」と呼んだのです。イエスの背中を見て歩いているうちに、自《おの》ずとイエスの生き方が見えてくるものです。そのとおりに歩けばよいのです。その反対ではありません。

次に考えることは、「自分を捨て、自分の十字架を担って従いなさい」（8・34）というイエスの言葉です。先頭に立つイエスは、十字架を背負って歩いています。私たちもその後ろについて歩いているうちに、人のために自分を無にし、自分を捨ててかかる生き方に気づきます。イエスがペトロに言いたかったことは、イエスに従うことをはっきりと宣言すること、そしてその信念に従って歩きだすことです。

マルコの福音書は、「神の子イエス・キリストの福音の始まり」（1・1）で始まっています。マルコは自分の口で〝イエスは、わたしを救ってくださる方〟と宣言したのです。同様に私たちも、〝イエスはキリスト、私を救ってくださる方〟と宣言したとき、救いの道が聞かれるのです。

信者である方々は、毎日曜日「使徒信条《しとしんじょう》」を唱《とな》えますが、その中に「父のひとり子、私たちの主イエス・キリストを信じます」という一節があります。これはイエスに従って歩む私たちにとって、とても大切な信仰箇条《かじょう》です。

十六　彼に聞け

マルコ9・2〜9

イエスはペトロとヤコブとヨハネを連れて、高い山にお登りになった。そこには彼ら四人しかいなかった。その時、弟子たちの目の前でイエスの姿が変わり、その衣《ころも》は真っ白に輝いた。その白さはこの世のいかなる布さらしでもなしえないほどのものであった。そして、彼らの前にエリヤがモーセとともに現われ、イエスと語り合っていた。ペトロは口を挟んでイエスに言った、「先生、わたしたちがここにいるのは素晴らしいことです。三つの仮の庵《いおり》を造りましょう。一つはあなたのために、一つはモーセのために、一つはエリヤのために」。ペトロは何を言ってよいか分からなかった。弟子たちは恐怖に襲《おそ》われていたからである。すると雲が現われて彼らを覆《おお》い、雲の中から声が聞こえた、「これはわたしの愛する子。彼に聞け」。弟子たちは急いで、辺りを見回したが、自分たちと一緒におられるイエスのほかには、誰も見えなかった。さて、一同が山を下《くだ》るとき、イエスは弟子たちに、人の子が死者の中から復活するまでは、今見たことを誰にも話さないようにとお命じになった。

9・2〜9

オウム真理教が起こした地下鉄サリン事件にかかわった人の中に井上嘉浩という人がいます。彼が十五歳のときに書いた詩を偶然目にして、びっくりしたのを覚えています。「願望」というタイトルの詩の中で、彼はこの世界に渦巻く欲望にのめりこんでいきそうな自分を見つめています。未来に希望がもてない少年の思いがよく伝わってくる詩です。金と欲に追われて、日々を消耗《しょうもう》しながら終える人生に絶望しています。

ローマの滅亡は蛮族《ばんぞく》の侵入によってではなく、国民が物の欲にとらわれて志《こころざし》をなくし軟弱になったことが原因だという説があります。無気力になり、無為無能《むいむのう》の日々を送るようになると、国は滅びます。物欲、色欲、名誉欲にとらわれた社会は淀《よど》んできます。その果ては、救いようがないほどの悲しみに覆《おお》われることになります。

こういう社会の中で、若者たちはそれぞれの生き方をしなければなりません。あまり考えないで、その日その日を生きる人たちもいるでしょう。井上のように社会に絶望する者もいるはずです。そのときどきの快楽に身を委《ゆだ》ねる人たちもいるでしょう。どれをとってみても、将来に明るい希望が見いだせません。最近起こる種々の理解しがたい事件は、底流に流れている若者の虚無感を表していると思われます。それが不登校になったり、引きこもりになったり、はては無差別殺人事件になったりと、今の社会問題の根底にある〝不安〟が表面に現れているにすぎません。

イエスは「ペトロとヤコブ、ヨハネだけを連れて」（9・2）山に登ります。ここの〝だけ〟に留意して考えてみましょう。

彼らも若かったはずです。青年として麓《ふもと》で酒を酌《く》み交わしたり、恋を語ったり、人生を熱く論じたりということがしたかったでしょう。イエスはそんな彼らに、仲間を麓において、山に登ることを命じたのでした。イエスは今から起こる出来事がいかに大切なのかをわからせるために、これといった人材を選んだのです。これら三人は、地上でクダを巻いて、青春を語るのと違う角度で、自分たちの青春を見つめるようにとイエスは配慮したのです。イエスは、青年たちを束《たば》ねるリーダーが必要と感じていました。

彼らが山に登ると、イエスの姿が彼らの目の前で変わり、その服は真っ白に輝いていました。真っ白な服とは、殉教の血によって洗い清められた色と言われています。しかも、旧約聖書に登場する二人の偉大な人物、モーセとエリヤが、イエスと話し合っている場面に出くわします。モーセは律法を表わしていて、旧約聖書全般のこと、エリヤは預言者の代表で将来の救い主のことを語っています。三人の巨頭会談とでもいいましょうか。語っていることは、イエスが十字架につけられて死ぬこと、彼を信じる人は真っ白に輝く服が与えられるといったことでした。

山の麓で愛や恋や、将来の夢を語っているのは、まだ遊びの段階なのです。そこから目覚めて立ち上がるときが、青年の分かれ目です。それがないままずるずると四十歳、五十歳と引きずっていく限り、自分の道は開けません。目覚めた人は、自分が背負わなければならない十字架をしっかり背負って歩き始めるのです。そのためにはどうすればよいのでしょう。

ペトロは、自分がイエスとモーセ、エリヤのために家を建てると叫んでいました。それに対して、天からの声は「彼に聞け」（9・7）ということでした。道が開けるには、自分が自分がと焦っていてはだめなのです。イエスが語る言葉を聞く必要があります。イエスに聞くことを始めるとき、青春の色合いが変わってきます。目覚めさせる何かをイエスはもっているからです。

あなたの人生を百八十度転換させる何か大きな力を、イエスの言葉はもっているからです。

十七　祈る　マルコ9・14〜29

さて、一同がほかの弟子たちの所に来てみると、多くの群衆が弟子たちを取り囲み、また律法学者たちが弟子たちと論じ合っていた。群衆は、イエスを見るや、みな非常に驚き、駆け寄って来て挨拶をした。イエスは、「何を論じ合っているのか」とお尋ねになった。すると、群衆の一人が答えて言った、「先生、ものを言わせない悪霊に憑《つ》かれたわたしの息子を、あなたのもとに連れて参りました。霊がこの子に取り憑くと、所かまわず、押し倒します。この子は泡を吹き、歯ぎしりして、体をこわばらせてしまいます。それで、お弟子たちに、霊を追い出してくれるように頼みましたが、できませんでした」。そこで、イエスは答えて仰せになった、「ああ、不信仰な時代だ。わたしはいつまであなた方とともにいなければならないのか。いつまであなた方に辛抱《しんぼう》しなければならないのか。その子をここに連れてきなさい」。人々はその子をイエスのもとに連れてきた。霊はイエスを見るや、その子を激しくけいれんさせたので、その子は地に倒れ、泡を吹きながら、転げ回った。イエスがその子の父親に、「いつごろからこうなったのか」とお尋ねになると、父親は答えた、「幼い時からです。霊はこの子を殺そうとして、しばしば火や水の中に投げ入れました。できますなら、どうかわたしたちを憐れんで、お助けください」。イエスは仰せになった、「できるならと言うのか。信じる者にはどんなことでもできる」。すると、その子の父親はすぐ叫んで言った、「信じます。不信仰なわたしをお助けください」。イエスは、群衆が押し寄せてくるのを見て、汚《けが》れた霊を叱りつけて仰せになった、「ものも言わせず、耳も聞こえさせない悪霊よ、わたしはお前に命じる。この子から出て行け。二度とこの子に入ってはならない」。霊は叫び、その子にひどいけいれんを起こさせて、出ていった。すると、その子は死んだようになった。それで多くの人々は、「この子は死んでしまった」と言った。しかし、イエスがその子の手を取って起こされると、子供は立ち上がった。

そして、イエスが家の中に入られたとき、弟子たちはひそかにイエスに尋ねた、

「どうしてわたしたちには霊を追い出せなかったのでしょうか」。すると、イエスは、「このたぐいのものは、祈りによらなければ、どうしても追い出すことはできない」と仰せになった。

9・14～29

イエスの弟子たちは、先生に倣《なら》って悪魔つきの子どもから悪霊を追い出そうとしましたが、それができなかったという物語がこの箇所で語られています。弟子たちは、自分たちができなくて、どうしてイエスができるのかという疑問をもったのでした。イエスは彼らに答えます。「このたぐいのものは祈りによらなければどうしても追い出すことはできない」（9・29）

日本には合掌するという良い習慣が伝わっています。合掌は、右の手は仏さま、左の手は人で、この二つが合わさる行為が合掌だと言われます。神と人とが一つになる瞬間が祈りなのです。カトリック教会ではミサという儀式を大事にしていますが、ミサのささげものであるぶどう酒に水を加えることをします。これも神を表すぶどう酒に人間である私たちのささげものを加えることを意味しています。頭を深く垂れる行為は祈りです。してもらって当然なんてうそぶいている人には、この合掌の心には到底到達できないでしょう。弟子たちが奇跡を行うことができなかったのは、この合掌する心をもたなかったところにあります。自分の力でなんとかなるとなめてかかっていたからです。聖書には「この山に向かって『立ち上がって、海に飛び込め』と言えば、そのとおりになる」（マタイ21・21）とあります。イエスは人と接するときに、徹して祈ることの大切さを説いたのでした。

祈りは、特別なある場所で、特別のときに限って行うものではありません。いつでも、どこでも祈りはできます。原子爆弾の爆風を浴びて寝たきりになった永井隆博士は、自分が寝ている小さな庵《いおり》を「如己堂《にょこどう》」と称して、毎日、世界の平和のために祈り続けたのでした。彼の言葉に、「いつでもロザリオ、どこでもロザリオ、みんなでロザリオ」という句があります。病床にあって何もできないけれど、人々のために祈ることはできると考えていました。そして、実に多くの人に励ましと慰めを与えたのでした。彼が著した『長崎の鐘』をぜひ一回読まれることをお勧めします。

現代の聖人に、インド、カルカッタ（現コルカタ）の貧民窟《くつ》で働いたマザー・テレサがいます。看取《みと》る人がいなく道端で死んでいく人の手を握り、人のぬくもりを伝えた聖人でした。死ぬ人がキリスト教徒になりたければ洗礼を授け、ヒンズー教や仏教であれば、それに沿った祈りを授けたのでした。彼女を含めて、偉大な宗教家は皆深い信仰心をもっていました。自分の力ではどうにもならないと悟り、すべてを神に任せた人たちのことです。

イエスは、「ああ、不信仰な時代だ。わたしはいつまであなた方とともにいなければならないのか」（９・19）と叫びます。大多数の人々は神の語る言葉に無関心で、損得を基準として生きようとします。しかし、少数の信仰ある人々が、これらをカバーして余りあるのです。不信仰な時代とは、しるしを見ないと信じない時代のことです。計算できて合理的で、力がある人が、ことを成し遂げると考えたがる時代が不信仰な時代なのです。

旧約聖書の時代には、アッシリア、バビロニアという大国が興《おこ》って、小さな国であるイスラエルを併呑《へいどん》しようとします。エジプト、アッシリア、バビロニアという大国に囲まれたイスラエルは、種々の工夫をこらし、あらゆる手段を使って国を救うことを考えます。ある人たちは、大国に貢物《みつぎもの》を献げて、少し屈辱的ではあるが、国の保全を考えました。ある人たちはエジプトから戦車部隊を願って、アッシリアの攻撃をかわそうとしたのでした。ところが、この時代に現れたのが預言者《よげんしゃ》と呼ばれる人たちで、彼らは、〝エジプトの戦車に頼ってはいけない〟、〝貢物でごまかしてはいけない〟と叫んだのです。今こそ祈りに専心するときだと主張しました。そんなことは非常識に思われて、人々に受け入れられることはできませんでした。結果として、ユダヤという国が滅亡しました。神以外に頼ろうとしたことが滅亡の原因なのだと旧約聖書は語っています。

同じような話は、鎌倉時代の仏教者の間に見られます。法然《ほうねん》、親鸞《しんらん》、日蓮《にちれん》といった人たちは、いずれも比叡山《ひえいざん》を降りて、人々に念仏を唱えて生きる道を教えました。南無阿弥陀仏、または南無妙法蓮華経という念仏を唱えることで人心を動かし、合掌することで社会そのものも変えようとしたのでした。これは大きな社会改革の運動として発展することになります。一向一揆《いっこういっき》に見るように、念仏と合掌は時の権力に立ち向かう力にさえなったのでした。多分現代の荒廃は、宗教界の指導者たちが俗にまみれていることに起因しているのかもしれません。
イエスは弟子たちの求めに応じて、どのように祈ればよいかを教えました。これは〝主の祈り〟として知られています。ルカ福音書にある祈りをここに掲げます。

父よ、み名が聖とされますように。
み国が来ますように。
わたしたちの日ごとの糧《かて》を、日ごとに、お与えください。
わたしたちの罪をお赦《ゆる》しください。
わたしたちに負い目のある人をみな、わたしたちも赦します。
わたしたちを誘惑に遭わせないでください。

ルカ11・2〜4

主の祈りを読むとき、祈りの基本が見えてきます。大前提は「父よ」という親しい呼びかけです。神さまは、何でも聞いてくれる父親であり、親しい存在なのです。その神さまに最初に願うことは、〝神さまが私たちにとってすべて〟という宣言です。神さまが私のすべてと宣言してから、〝〜ください〟という願いが始まります。

最初に願うのは、〝パンを〟という祈りです。生きていくための糧《かて》を願います。生きていくためには物心両面の糧が必要です。お腹がぺこぺこでは働けません。同様に精神が殺伐《さつばつ》としていれば、人間として幸せではありません。要するに、最初に願うことは、人間として豊かに生きる恵みなのです。

けれども豊かに生きるには、自分の〝過ちの赦《ゆる》しを願う謙虚さ〟が必要です。ふんぞり返っている人は不幸です。人はお互いの関係の中で生きています。その中でお互いに赦《ゆる》し合うことで、人間のかかわりはスムーズになります。「主の祈り」は、人間相互のかかわりが赦しを求めることで順調になることを教えています。

最後は、〝弱い私に、限界以上の誘惑を与えるな〟と祈ります。誘惑と訳されていますが、それは〝自分はそれ以上の者だ〟とうぬぼれに溺《おぼ》れさせる誘いのことです。ありのままの自分を見ることができないで、自分は一角《ひとかど》の人物で偉いんだとうぬぼれさせる誘惑です。この誘惑に陥《おちい》ると、人間鼻もちならなくなります。最後に切に願うのは、人として謙虚に生きる恵みです。

十八　弟子たちの凡庸さ

マルコ9・30〜43

さて、一行はそこを立ち去り、ガリラヤを通っていった。イエスは、それを人に知られることを望まれなかった。それは、「人の子は人々の手に渡され、殺される。しかし、殺されて三日の後に復活する」と弟子たちに教えておられたからである。弟子たちはこの言葉が分からなかったが、尋ねるのを恐れていた。

さて、一行はカファルナウムに着いた。イエスは家に入られると、弟子たちに、「あなた方は道々、何を論じ合っていたのか」とお尋ねになった。弟子たちは黙っていた。それは、誰がいちばん偉いかと、道々論じ合っていたからである。そこで、イエスは腰を下ろして、十二人の者を呼んで仰せになった、「第一の者になろうと望む者は、いちばん後の者となり、またみなに仕《つか》える者とならなければならない」。そして、イエスは一人の幼子《おさなご》を弟子たちの真ん中に立たせ、その子を抱き寄せて仰せになった、「わたしの名の故に、このような幼子の一人を受け入れる者は、わたしを受け入れるのである。またわたしを受け入れる者は、わたしを受け入れるのではなく、わたしを遣《つか》わされた方を受け入れるのである」。
　ヨハネはイエスに言った、「先生、お名前を使って悪霊を追い出している人を見ました。その人はわたしたちの仲間ではないので、やめさせようとしました」。イエスは仰せになった、「やめさせてはならない。わたしの名によって奇跡を行いながら、すぐにわたしをののしる者はいない。わたしたちに反対しない者は、わたしたちの味方である。あなた方によく言っておくが、あなた方がメシアに従う者だからというので、あなた方に一杯の水を飲ませる人は、決してその報いを失うことはない」。「また、わたしを信じるこの小さな者の一人をつまずかせる人は、その首にろばの碾《ひ》き臼《うす》をはめられ、海に投げ入れられるほうがましである。もし一方の手があなたをつまずかせるなら、それを切り捨てなさい。片手で命に入るほうが、両手が揃ったままで、地獄の消えることのない火の中に落ちるよりはましである。

マルコ9・30～43

ベルナノスというフランスの作家がいます。彼は、その小説『田舎司祭の日記』の中で、「凡庸《ぼんよう》な司祭ほどつまらないものはない」と述べて、凡庸な司祭のことを酷評しています。的確な返事をすることなく、適当にごまかして、皆に良い顔を見せて、その実、責任を一切とらない司祭たちのことを言っているのです。

凡庸さは、まず物事を的確に受け取らない感性の鈍さにあります。要領をよくつかめないので、いつもトンチンカンな対応をしてしまいます。さらにわかっていてもことが面倒になるのを恐れて、うまくごまかしてしまうのです。要するに人生に対してずるいのです。しかも表面は善人そのものなので、なおさらたちが悪い。ときどきこういうタイプの人に仕事を任せるのは非常に大儀《たいぎ》です。結局他人に仕事をまわしてしまうからです。

マルコ九章は、イエスが言っている意味を、どうしてもわからない弟子たちを登場させて示しています。しかし、これらの箇所を読む限りにおいて、弟子たちは愚《ぐ》鈍《どん》ではあるけど、ベルナノスが言うずる賢い愚鈍さではないと読み取れます。しかし、愚鈍さは愚鈍さであり、その感性の鈍さは人を導くには欠陥《けっかん》となります。その愚鈍さをわかるために、マルコ九章をまとめて読むことをお勧めします。

イエスはエルサレムに上る途中、三度、自分は人からなぶりものにされ、殺されるという話をしています。弟子たちはその意味をまったく理解しません。「弟子たちはこの言葉が分からなかった」（9・32）とあります。万事順調で、人々はイエスを、ひいては弟子たちを尊敬しているし、何くれと面倒をみてくれているまったく申し分のない状況なのです。それなのに、わざわざもっともらしく死ぬとか、辱《はずかし》められるとか言っているイエスを、弟子たちはまったく理解できませんでした。これから後、イエスは噛《か》んで含めるように、その意味を弟子たちに伝えようとします。今から教会を背負って立つ人たちには、十字架のもつ意味をどうしても理解してもらわないといけないからです。

イエスは、ものわかりの悪い弟子たちに、自分の弟子になるとは、神の国の責任者になるとは、ということを諄々《じゅんじゅん》と説いたのです。「第一の者になろうと望む者は、いちばん後のものとなり、またみなに仕える者とならなければならない」（9・35）。そして幼子《おさなご》を真ん中に立たせて、この子のようになることが大切だと諭《さと》します。神の手の中に、すっぽりと自分を任せるようになることが基本だと言っているのです。自分が自分がとしゃしゃり出ではいけないのです。上に立つ人は皆に仕える人になることです。公益を何よりも重んじて、自分がもっている才覚を人々のために使うのです。「幼子のように神の国を受け入れる者でなければ、決してそこ（神の国）に入ることはできない」（10・15）と言ってのけます。

ここで一つのエピソードをマルコは載せます。自分の仲間でないという理由だけで、ある人たちを仲間内から切って捨てる弟子たちの話（9・36）です。イエスの名前で奇跡を行っている人々がいました。弟子たちは彼らを強く非難しました。イエスは弟子たちを戒《いまし》めます。せっかく良いことをしているのに、自分の仲間でないという理由だけで受け入れないのは狭い了見《りょうけん》だからです。私たちの周りにはいろいろな活動をしている人たちが、より良い社会をつくろうとして努力しています。この人たちと手を取り合っていけば、なんてすばらしい世界になるでしょう。〝小さな者〞とは、多くの人を受け入れる器の大きさをさしています。「わたしたちに反対しない者はわたしたちの味方である」（9・40）とは、その妙を得ている言葉です。イエスの弟子になる人が、了見が狭く、ことごとく口をはさんでは他の人を批判する人となれば、まとまるはずのものもまとまらなくなってしまうものです。良き指導者は、他の人に任せることを知っているし、他の人がしていることを評価できるのです。

この箇所でイエスは有名な言葉を語られます。「あなた方に一杯の水を飲ませる人は、決してその報いを失うことはない」（9・41）。一杯の水を私たちに恵んでくれる人には、大きな報いが約束されるのです。イエスの教えを伝えるために苦労している私たちにとって、何よりの慰めは、一杯の水をくださる方の優しさです。その優しさに感動し、感謝する心をもっていれば、どんな困難も乗り越えることができるのです。たった水の一杯なんてというけちな根性ではありません。ありがたくその水を感謝していただくのです。小さな好意に感謝し、喜んで人の手助けをすることによって、人の輪は大きく広がっていきます。これらの小さなことを一つ一つ積み重ねていくところに神の国があるのです。〝小さい者〟とは、感謝して小さな出来事を受け止める人のことです。一日一善運動というのがありますが、多くの人がそれを実行していけば、どれほどこの社会は住みやすくなることでしょう。

一杯の水という物語に続くのは、つまずきについての話です。「この小さな者の一人をつまずかせる人は、その首にろばの碾《ひ》き臼《うす》をはめられ、海に投げ入れられるほうがましである」(9・42)。地獄に落ちるほうがよほどましだとさえ言ってのけているのです。〝この小さな者〟とは誰のことでしょう。先ほど話された、まったく抵抗できない幼子のことでしょう。無邪気な幼子が一番偉いのだという考えには、弟子たちは納得しかねたようです。ましてや一杯の水を差し出したくらいで、自分たちと同じ報いが与えられるなどという考えには承知しかねたのでした。偉い者は権力をもち、腕力にも勝れ、人をぐいぐいと引っ張っていく才覚のもち主を連想していたからです。上に立つ人は、素直に神と人とに信頼され、気取らずに感謝する言葉をもつ人なのです。同僚を切って捨てていく人ではなく、仲間として彼らを受け入れ、人の輪を大きく伸ばすことができる人のことです。

幼子をいじめたり、虐待したりするなら、同様に地獄に落とされるのです。自分は一生を神さまと教会にささげたと威張り、水一杯をささげる人と同じ報酬ではとても満足できないとうそぶいているとしましょう。そんなうそぶきを聞いて、あきれてつまずいてしまう人がいるとすれば、うそぶいた人たちは地獄に落ちるのです。

私もカトリック教会で司祭、司教という役割を果たしてきました。常々言い聞かせることは、〝威張ってはいけない〟ということです。カトリック教会では、二〇一二年十月十一日から二〇一三年十一月二十四までを「信仰年」と銘打ち、福音宣教の年としました。しかし、いくら良いモットーを打ち出したところで、その態度がデカければ、きっと嫌われるはずです。無愛想で、あいさつの一つもできない教会など、誰が訪れるでしょう。一杯の水にも感謝し、自分の仲間以外の人たちが善を行っているのを見たら、喜んで手助けする姿勢をもっていれば、きっとそこには宣教があります。仲間内で争っているグループなどには、新しく人が入ってくることなど決してないでしょう。従って発展は望めません。

ここでもう一つ。近年、カトリック教会では、司祭による児童虐待が社会問題になりました。こんなことは決してあってはなりません。またこういう結果となった原因を探って、司祭の養成のあり方を考え直す必要があります。

カトリック教会が、司祭である人に要求することは、深い信仰です。小さなことを大切にする習性、広く人を抱擁する寛大さ、これらの徳を身につける訓練を、日々自分に課すことを教会はこの人たちに要求します。自分に厳しくなければ、教会を指導することはできません。

十九　結婚と離婚　マルコ10・1～12

ファリサイ派の人々が近づいてきて、「夫が妻を離縁することは許されていますか」と尋ねた。これはイエスを試みるためであった。イエスは答えて、「モーセはあなた方に何と命じているか」と仰せになった。すると、彼らは言った、「モーセは、離縁状を書いて離縁することを許しました」。そこで、イエスは仰せになった、「モーセはあなた方の心が頑《かたく》なだから、そのような掟を書いたのである。しかし、神は創造の初めから、『人を男と女に造られた』。『それ故、人は父母を離れ、妻と結ばれ、二人は一体となる』。したがって、彼らはもはや二人ではなく、一体である。それ故、神が結び合わせたものを、人間が引き離してはならない」

10・2～9

人生の大きな出来事の一つは結婚です。ある年ごろになると、皆そのことで悩みます。周りが嫁にいき始めると、娘さんも親ごさんも、普通あわてます。いつまでも結婚しないで家にいる息子には、親のほうがほとほとあきらめてしまうケースもあります。皆さんの中には、結婚をまじかに控えている方もいるでしょうし、そんなのはまだ遠いと考えている方もいることでしょう。

「人は男と女につくられた。それ故、人は父母を離れ、妻と結ばれ、二人は一体となる」（10・6〜8）。男は女の愛らしさに惹《ひ》かれ、一緒に居る時間を喜びます。女は男のたのもしさに魅《み》せられて、少し甘える仕草をします。この世はうまくできたものです。性格も出自《しゅつじ》も国籍もすべてが違う男女が、何かの理由でひきつけられて、一緒になるのを喜ぶようになるのです。

ところが困ったことに、異性にではなく同性に強くひかれる男女もいるということです。同性愛といって、今までは低く見られていましたが、それも自然の傾きと見る考えが、現代は主流になってきています。ここまではよいとしても、子どもが生まれることはないとわかっていても、同性同士の結婚はゆるされていると激しく抗議する人たちがいます。ある国は、それも合法的として彼らが結婚する権利を認めています。単なる友情ではだめなのだろうかと、私などは考えてしまいます。「人は男と女につくられ、それ故、人は父母を離れ、妻と結ぼれて二人は一体となる」とは、同性婚とは合致しません。

「人は父母を離れて妻と結ぼれて一体となる」には、まず、親から離れることが先決です。いつまでも親のすねかじりのような結婚は長続きしないでしょう。未熟なのは青年の特徴ですが、子どものままごとのような結婚は、壊れるのは自明の理です。ここで強調したいことは、「神が結び合わせたものを人間は引き離してはならない」（10・9）という言葉です。単にお互いが好きになるくらいの愛情で結婚してはいけないということです。互いの魅力にひかれ合う愛情だけでもだめだと言っているのです。男と女の絆の真ん中に神さまをおくという考え方はどう思いますか。人間の欲望のままに家庭生活が始まるのではなく、神さまの手の中に見守られて、夫婦の生活があると考えるのです。神からいただいた賜物《たまもの》として夫を尊敬し、妻を愛《め》でます。

ここで、カトリック教会で行われる結婚式のことを考えてみましょう。結婚の誓いをたてる二人は、生涯、夫として妻として「愛と忠実」を神の前で誓います。証人となる司祭は、彼ら二人を祝福します。ここで行われる儀式を「結婚の秘跡《ひせき》」と呼んでいます。神さまが二人を結び合わせてくださったと信じて、二人は「愛と忠実」を誓います。夫婦の交わりすべてに神さまが関与しているのです。生活の中での会話、夫婦の性の交わり、いたわりや愛情の表現など、多くのかかわりが二人の間に生じます。これらすべてに神さまがかかわってくださるということです。神さまを真ん中においた家庭生活があります。従って二人に授かった子どもたちは、神さまの贈りものなのです。こうして相手を尊敬し、愛し、敬うことは相手の中に神を見るからです。

神さまが与えてくださった賜物というふうに夫を、妻を見れば、そんなにたやすく離婚ということを考えないでしょう。多くの場合、自分の思うとおりに相手が動いてくれないと思うところから離婚騒動が始まります。夫婦生活は間違いなく山あり、谷ありの連続でしょう。しかし、だからこそ夫婦の絆はしっかりとなって、確かな家庭をつくり上げることができるのです。離婚はカトリック教会では罪なのかとの質問をしばしば受けますが、罪とか悪とかということより、結婚することの大切さを理解してほしいと思います。人は多くの口実をもうけて別れたがるのですが、多くの場合忍耐がないのではないでしょうか。節操のなさをいかにも〝美しい愛〟のように美化していることがあります。これらのことを言ったからといって、やむを得ない理由で別れた人たちを裁く権利を、私はもっていません。離婚した人たちが教会に再び戻れる手段は講じないといけないとも感じています。結婚する前から離婚はあり得るという気持ちをもっていてはいけません。離婚を前提とした結婚などあり得ないことだからです。別れないで添い遂げていく夫婦の数が増えれば増えるほど、この世界はもっと幸せになっていくと思われてなりません。

二十　教会に奉仕する若者

マルコ10・17〜31

さて、イエスが旅に出ようとされると、ある人が走り寄り、イエスの前にひざまずいて尋ねた、「善い先生、永遠の命を受け継ぐためには、何をすればよいのでしょうか」。イエスは仰せになった、「なぜ、わたしを『善い』と言うのか。神おひとりのほかに、善い者はいない。あなたは掟《おきて》を知っている。『殺すな。姦通するな。盗むな。偽証するな。欺《あざむ》き取るな。父母を敬《うやま》え』」。その人は答えて言った、「先生、これらのことはすべて、小さい時から守っています」。イエスは彼を見つめ、愛情をこめて仰せになった、「あなたに欠けていることが一つある。行って、持っているものをことごとく売り、貧しい人々に施しなさい。そうすれば、天に宝を蓄えることになる。それから、わたしに従いなさい」。その人はこの言葉を聞いて、悲しみ、沈んだ顔つきで去っていった。多くの財産を持っていたからである。そこで、イエスは周囲を見回しながら、弟子たちに仰せになった、「財産を持つ者が神の国に入るのは、なんと難しいことであろう」。弟子たちがこの言葉に驚いたので、イエスはさらに仰せになった、「子らよ、神の国に入るのは、なんと難しいことか。金持ちが神の国に入るよりは、らくだが針の穴を通るほうがもっと易しい」。

10・17〜25

京都に錦小路《にしきこうじ》という賑《にぎ》わいのある古い商店街があります。鮮魚や青果などを扱う「京の台所」です。たまたま行ったあるすし屋で、店の主人が思いもかけないことを話しているのを耳にしました。いわく、〃今ごろ、教会でも神父さんになる人が少なく、教会がガランとしている、困ったもんだ〃という内容の話で、おまけに店の客にしていたのでした。この店にも信者のお客さんが来ては、そんな話をしているのを、店主は聞いていたのかなと思ったりしました。実はそのとおりなのです。これはカトリック教会だけではなく、プロテスタントの教会も同様だと聞いたことがあります。

同じことはシスターと呼ばれる修道女会についても言えます。

修道会に入会する前に修錬《しゅうれん》という時期がありますが、私が入会したときは十八名が一緒でした。司祭になったのは三十六名が一緒でした。太平洋戦争後の貧しい時代だったからでしょうか、多くの若者たちは何かを求めていた気がします。財も学もなかった私などは、教会に拾われたといってもよいでしょう。私はカトリックの司祭に叙階されて五十年を越えました。北イタリアのトリノ市にある扶助者聖マリア大聖堂で司教の按手《あんしゅ》を受け、司祭となりました。二十九歳までもう少しの、若い年齢でした。今振り返ると、あのとき司祭になるという意味はほとんどわかっていなかったと言えます。恥ずかしい限りです。皆目《かいもく》無知でした。それでも、〝今日から神と教会にささげる人生を始めるのだ〟との意気込みだけはありました。あれから五十年たって、単なる意気込みだけではこの職務は全うできないという実感を、今はもっています。

さて、今、読んだ福音の箇所には、申し分のない立派な青年が登場します。モーセの十戒と呼ばれている掟を全部守っていると胸をはって主張している青年です。モーセの掟のどれを守っているのかわかりませんが、「レビ記」(旧約聖書)を読んだら、これら全部を守るのは実際不可能だという気がします。「殺すな。姦通するな。盗むな。偽証するな。欺き取るな。父母を敬え」(10・19)と読むときに、これを実行する細目がつくと考えてください。彼は「わたしは小さい時から守っています」(10・12)と答えています。これら全部を守るとは、これら一つ一つについてくる細目も完全に守っているということです。こんな申し分のない青年が教会の奉仕に携《たずさ》わってくれたら、どんなによいだろうかと、思わず考えてしまいます。

ところが、イエスは別の角度から彼を見つめていたのです。この青年は型どおりのことを型どおりに行っているにすぎないと見てとっていたのです。型を破って、ありのままの自分をさらけ出す必要があると考えていました。人の世話をする人間になりたいと思う者は、自分の殻を勇気をもって破らなければ、与えられた職務を果たすことはできません。

マタイ五章には、「殺すな。姦淫《かんいん》するな。盗むな。偽証するな。」という意味を掘り下げて、考えさせています。「殺すな」とは、ただ単に凶器で人を殺さないという意味ではなく、心の中にまで掘り下げて、人をばかにしないということだと説明しています（マタイ5・22）。ナイフで人を刺さないから私は義人だと主張するのは、あまりにも上っ面《つら》だと言っているのです。自分の心の中を掘り下げれば、人を蔑《さげす》み、差別し、その人の人格そのものを殺している行為をたくさん行っているのです。

「姦淫するな」では、「わたしはあなた方に言っておく。情欲を抱いて女を見る者は誰でも、心の中ですでに姦淫の罪を犯したことになる」（同5・28）と述べています。この青年は、たぶん決まったことを決まったとおりにしていたのではないでしょうか。イエスは、自分のありのままの姿をそのまま見つめることを求めているのです。

マルコ福音書で、イエスはこの青年に「持っているものをことごとく売り」（10・21）私に従いなさいと命令します。自分の世界をもったまま、自分の生活のスタイルをまったく変えることなく、新しい世界に飛び込んでも道は開けません。

神学校の院長をしていたとき、一人の青年が神学校を訪ねて来ました。どこどこの大学出身で、専攻はこれこれで、修道会に入会したら、その身分の保証をしてくれるかと切り出してきました。私は、その人の才能を伸ばすことにはやぶさかではないけれど、初めからそれが目的で入るのなら、修道会の本来の目的に沿わない旨を伝えました。自己実現する場が修道会ではないからです。どんな肩書きであっても、神さまと人間とに奉仕する役割が最優先されるべきものだからです。その奉仕が可能であるために、自分のもっている才能を存分に使い、また伸ばしていくのです。本末転倒であってはなりません。「自分の財産を売って、わたしに従いなさい」とは、徹して仕える道を歩むことをさしています。

もし皆さんの中に、神さまと教会に仕える道に魅力を感じている人がいるのでしたら、その道をはっきりさせるために特別な指導が必要となります。この奉仕職に関しては、自分が望むからといって必ず実現するものではないからです。第三者から指導されて、教会の信者の群れを指導するための適性を判断してもらわないといけません。霊的同伴者といって、一緒に霊の導きに従って歩んでくれる人のことです。その人の指導に従って、自分の人生の大きな決断をしていくのです。そのためには、何よりも自分を捨てる覚悟で始めないと道は開けません。自分の考えに固執する人には、この道は開けません。

最後に、昔出会った一人の青年の話をしましょう。県の青年大会を終えて温泉に入っていたとき、一人の青年が話しかけてきました。〝家の事情で、自分は中学しかでていないけど、それでも司祭になれるか〃ということでした。高校を通信か何かで終えて、神学校の門をくぐるように話しました。彼は新しい道を始めるために木の十字架を自分でつくり、それを担《かつ》いで八十キロの道のりを歩いて、司教館まで行き、その十字架を祭壇の前に置いて、高校の勉強を年下の学生と学ぶために出発しました。教会の中で彼は今、立派に司祭として活躍しています。

二十一　躍《おど》りあがってイエスのもとに来た

マルコ10・46～52

さて、一行はエリコに来た。そして、イエスが弟子たちや大勢の群衆とともにエリコを出ていこうとされたとき、ティマイの子でバルティマイという目の見えない物乞《ものご》いが、道端に座っていた。ナザレのイエスだと聞いて、「ダビデの子イエスよ、わたしを憐れんでください」と叫びだした。多くの人々は叱りつけて黙らせようとしたが、バルティマイはますます、「ダビデの子、憐れんでください」と叫び続けた。そこで、イエスは立ち止まり、「あの人を呼びなさい」と仰せになった。人々が目の見えない人に、「安心しなさい。立ちなさい、あなたを呼んでおられる」と言って、彼を呼ぶと、その人はマントを脱ぎ捨て、躍りあがってイエスのもとに来た。イエスが、「わたしに何をしてほしいのか」とお尋ねになると、その人は、「先生、見えるようにしてください」と言った。そこで、イエスは仰せになった、「よろしい、あなたの信仰があなたを救った」。するとたちまち、その人は見えるようになり、イエスに従っていった。

マルコ10・46〜52

典礼聖歌集の中で、私がとっても好きな歌があります。「主が手をとって起こせば」で始まる歌（典礼聖歌393番）です。四十代のころ、大分県の中津市にある小さな教会で、毎日曜日ミサをささげていました。二、三十名の信者数、しかも大半はお年寄りの教会でした。ミサが終わると、炊きたてのごはんに味噌汁を添えて、各自一品持ち寄って、毎回食事をとっていました。私は子どもたちのために教会学校を開いていました。十四、五名の近所の子どもたちが毎週来ていました。高校生も勉強会に来ていて、その中には洗礼を受ける人も出ました。

オルガニストがいなくて、一人のお年寄りの男性が片手でメロディーを弾くのですが、どうもリズムが合わず、いつもけったいなミサ曲となっていました。私はミサ前に歌の練習を始めたのですが、まず覚えてもらいたかったのが、「主が手をとって起こせば」でした。

「躍り歩むよろこび」で盛り上がるはずなのですが、何度練習しても躍りあがらないのです。結局私は諦めて、歌をマスターできないままその教会を転勤で去りました。それでも、中津を去るとき、皆さんは私のために「主が手をとって起こせば」を歌ってくださいました。それも調子が外れたものでしたが……うまく歌えなくても、精いっぱい歌うことで神への賛美となると実感した瞬間でもありました。

マルコ十章のエリコの盲人の癒《いや》しの箇所を歌ったのがこの聖歌でした。この癒しの話の前に、前に話した愚鈍《ぐどん》な弟子たちのことが書かれています。自分を一番弟子にしてくれと願った兄弟二人と、それから起こる弟子たちの醜《みにく》い争いの場面です。イエスはほとほとこの愚鈍さに呆《あき》れかえっています。そのイエスの前に現れたのが、この盲人でした。

盲人はしきりに叫んでいます。「わたしを憐《あわ》れんでください」(10・47)。周りの人々が黙るように叱りつけても、聞きません。「憐れんでください」と叫び続けます。自分が一番弟子だとか、誰が一番偉いのかなどと詰め寄る弟子たちにうんざりしているイエスが、あらん限りの声を張り上げて自分にすがりつく男に出会うのです。恥も外聞も忘れた一人の男の声が響きます。彼は物乞いをしている盲人でした。

イエスは「あの人を呼びなさい」(10・49)と言われました。そのとき、あれほど拒み続けた周りの人々は彼に「安心しなさい。立ちなさい。あの人があなたを呼んでおられる」(10・49)と言ったのです。すごい変わりようです。何がこれらの人々を変えたのでしょう。

〝あの人を呼びなさい〟という一言でした。この言葉が、人々を変えたのです。盲人が見えるようになるにはまず、周りの人々が見えるようにならなければなりません。人一人が立ち上がるためには、周りの人が目覚めていることが大事です。一人の病人が、一人の心が病んでいる人が、病から治されるには、周りの人々が変わっていくことが条件です。

この物語の中で、この男はバルティマイというれっきとした名前をもっていたことがわかります。単なる盲人ではなく、ちゃんとした名前が残されているのです。名前で呼ばれるのはどんなに嬉しいことでしょう。私は以前、ある高等専門学校に勤めていましたが、抜群の記憶力のある同僚の神父がいました。彼は千名以上いる学生の名前を、その氏名まで覚えていて、名指しで呼ぶことができていました。私はいつもその彼には脱帽していました。バルティマイは、初代教会できっと自分が呼ばれたときの事情を、集会に参加した人々に話して聞かせたのでしょう。こうしてこの物語は生き生きと伝えられたのでした。

「彼が呼ぶと、その人はマントを脱ぎ捨て、躍りあがって、イエスのもとに来た」（10・50）のでした。日が見えないこの人が、どのように走って来られたでしょう。どうして着ていたマントを脱ぎ捨てたのでしょう。〝躍りあがって〟という言葉が、これらすべての質問に答えてくれます。彼は懸命に走るのです。何も見ていません。何も聞いていません。ただ自分を呼ぶイエスだけを求めているのです。

イエスが好きなタイプの人間は彼のような人です。イエスはバルティマイに、「わたしに何をしてほしいのか」（10・51）と問いかけます。「見えるようにしてほしい」ということの男の心を見とおしたうえで、イエスはあえて問いかけるのです。「見えるようにしてください」とは当然の願いです。これに対してイエスは「あなたの信仰があなたを救った」（10・52）と宣言します。この懸命さ、この必死にすがる心、これがこの人の目を開けたのです。イエスが目を治したのではなく、この人の懸命さが、この人を治したのです。この奇跡は、彼を治したのみではなく、周りの人々の愚鈍さを打ち破ったのです。

この物語は、私たちに多くのことを語りかけています。まず私たちに欠けているのは、何がなんでも治してもらいたいという懸命さです。私たちは生《なま》ぬるいのです。信仰とは名ばかりの、単なるアクセサリーに過ぎないのです。イエスは「今、私に何をしてほしいのか」と問いかけています。それに対して何と答えますか。何がなんでもという切実な願いを、果たして私たちはもっているでしょうか。

二十二　実らないいちじくの木、廃《すた》れる神殿　マルコ11・12〜19

さて翌日、一行がベタニアを出ると、イエスは空腹を覚えられた。遠くに葉の茂ったいちじくの木があるのを目に留め、実がなっていないだろうかと見に行かれた。しかし、行ってみると、葉のほかには何もなかった。いちじくの時季《じき》ではなかったからである。そこで、イエスはその木に向かって「今後永遠に、お前の実を食べる者がないように」と仰せになった。弟子たちはこれを聞いていた。こうして一行はエルサレムに着いた。イエスは神殿の境内《けいだい》に入り、そこで売買《ばいばい》している人々を追い出し始め、両替人《りょうがえにん》の机や鳩を売っている人たちの腰掛《こしか》けを倒し、また誰にも境内を通って品物を持ち運ぶことをお許しにならず、人々に教えて仰せになった、「『わたしの家はすべての民族のための祈りの家と呼ばれる』と書き記されているではないか。ところが、あなた方はそれを強盗《ごうとう》の巣にしてしまった」。祭司長たちや律法学者たちはこれを聞いて、どのようにしてイエスを亡きもの

にしようかと、思い巡らした。群衆がイエスの教えに心を打たれていたために、
彼らはイエスを恐れていたからである。
11・12〜18

近づいてはいけない宗教の基準は、お金の無心、性的スキャンダルにまつわる事件、それに折伏《しゃくぶく》まがいの勧誘《かんゆう》などが目立つ宗教です。最近、宗教が敬遠されている原因を探れば、間違いなくこれらのどれかにあたります。宗教が集金の手段になったり、権力を握って暴力行為に走ったり、性的いやがらせが大手をふって歩くとなれば犯罪行為以外の何ものでもありません。それにしても、それらの宗教が多くの人、特に若い人を惹《ひ》きつけて盲目的にさせているのは、それなりの理由があるのでしょう。その理由の一つは無気力になった既成宗教が多いということでもあります。

マルコの十一章は、緊張した一週間を迎えて、興奮気味のイエスにまつわる物語が語られています。イエスにとって人生最後の、最大の出来事の一週間です。しかし、死を前にして語られる物語は、何ともわかりにくい話の連続です。

最初は、ろばに乗ってイエスがエルサレムに入城する場面が語られます（11・1～8）。入城といっても、ろばに乗って町に入るだけですが、どう見ても格好の良いものではありません。英語でいうコケティッシュ、道化《どうけ》じみているのです。旧約聖書では、ろばに乗ってということに特別な意味をもたせています。馬に乗っているとさっそうとした大将のイメージですが、ろばは戦争など予測させない平和ボケの愚鈍なイメージです。それに歓迎する人々と言っても、その実、巡礼をともに歩む仲間なのです。前に行く者も後に従う者も「ホサンナ」（11・9）と叫びます。全員身内のようなものです。反対派は手ぐすねひいてイエスの到来を待ち構えています。

続く話はもっと滑稽《こっけい》です。道端にあるいちじくの木を見て、葉が茂っているのに実がついてないと言って、イエスは木を呪《のろ》い、「今後永遠に、お前の身を食べる者がないように」（11・14）というのですから、言語道断《ごんごどうだん》です。「その時季ではなかったから」とマルコは説明を加えています。実る時季でなければ実がなるはずがない、それなのに実がなってないと言って呪うのです。まさに不条理そのものだし、イエスは精神的錯乱《さくらん》に陥《おちい》っている感じさえします。

次に続く話も、イエスが興奮している状況を象徴するような物語です。町の中央にある神殿に入ると、中で商品の売買をしているのを見て、彼らを追い出し、おまけに狂ったように机や椅子をひっくり返した（11・15）のでした。

神殿を商売の場所にする例は日本ではごく普通です。神社やお寺の門前には市がたち、人で賑《にぎ》わいます。日本人の誰も、こんな店にむきになって反対するとは思えません。確かに、神殿が神殿でなくなったと思えたのでしょうが、イエスの行動は常軌《じょうき》を逸《いっ》しているようです。死を前にして、緊張しているイエスの姿がここにあるのでしょうか。

この神殿の物語が、この章を解く鍵です。当時、分に応じて神殿に献金する義務がありました。貧富の差があり、献げ物はいろいろ種類があったようですが、通常鳩をささげる人が大半でした。遠くから来る巡礼団は、献げ物を携《たずさ》えることができませんでした。従って、鳩やその他の献げ物を売る出店《でみせ》が境内《けいだい》にたくさん設けられました。また、貨幣で支払うとしても、通常使われていたお金はローマの貨幣で、神殿で使うためにはそれを神殿固有の貨幣に替えないといけなかったのです。こうして、多くの両替屋が軒を連ねました。その他、神殿にまつわる多くの商売があったようです。日本でのおみくじのようなものもあったでしょう。逆にこれらの商売があることで、神殿も富んだし、それにかかわる人々の生活も成り立ったのです。ここにイエスが登場して、これらの商売に携わる人々をおい出したのです。単なるヒステリーの行動だったのでしょうか。

イエスは、神殿を「祈りの家」（11・17）と位置づけています。神殿を私物化している人々に対しての抵抗を行っているのです。神殿を自分たちの付属物にしてしまい、自分たちの王宮を造り上げているのです。イエスは神殿改革を叫ぶ闘士となっています。神殿は神さまのものであり、神さまに全部を返さないといけないのです。ところが、学者たちも祭司たちも、人々も、揃って神殿を「強盗の巣にしてしまった」（11・17）のです。強盗は力ずくで盗みに入り、家を荒らしまわります。こそ泥はこっそり侵入して、盗んで出て行きます。暴力的に神殿を盗み取ったのはファリサイ派の人々であり、祭司たちだったのです。彼らにくっついて利益を得ているのは、こそ泥の商売人です。神さま中心の神殿が、完全に人間に仕える神殿となってしまったのです。これは絶対にゆるせないとイエスは憤慨《ふんがい》したのです。

十一章に載せられている三つの話を、神殿という鍵で考えてみましょう。神さまを中心にこの世界を造り変えないといけないのです。人間がのさばって、神さまの分野に攻め込んで、勝手に荒らしまわってはいけないのです。

「神を信じなさい。あなた方によく言っておく。誰でもこの山に向かい『立ち上がって海に飛び込め』と言い、しかも心に疑わず、自分の言ったようになると信じるなら、それは聞き入れられる」（11・22～23）

これがまとめの言葉です。信じれば何でもできるというのです。この言葉には、イエスの切なる思いが込められています。それだけに十一章の物語は情熱的な語りなのです。ろばに乗って入城することで、平和をもたらす救い主であることを一途《いちず》に表現しています。信じる気持ちがあれば何でもできます。たとえ不条理と思われることでも、神さまはきっとことをなしてくれると信じているのです。喜んでばかになれるのです。だめなものはだめだと言う勇気ももてるのです。ハチャメチャに見えても、神殿を一掃することをあえて行うのです。時季でないのに実らないと言って木を呪う、きちがい沙汰でさえやってのけるのです。決まったレールを、決まったとおりに歩く、自分の周りは何も変わらないと信じきっている私たちに、鉄槌《てっつい》を下します。自分でつくり上げている仮想の神殿をひっくり返せと。

二十三　捨てた石が隅の親石となった

マルコ12・1〜11

それから、イエスは喩《たと》えをもって彼らに語り始められた、「ある人がぶどう園を造り、垣根を巡らし、搾《しぼ》り場を設け、物見櫓《ものみやぐら》を立て、これを小作人たちに貸し与えて、遠方に旅立った。やがて季節になったので、ぶどうの収穫の分け前を取り立てるために、小作人の所に僕《しもべ》を遣《つか》わした。ところが、小作人は僕を捕まえて打ちたたき、何も渡さずに追い返した。そこで、主人は再び別の僕を遣わしたが、彼らはその頭を殴《なぐ》り、侮辱《ぶじょく》した。さらに、別の僕を遣わしたところ、今度はこれを殺してしまった。それでも、何人もの僕を遣わしたが、ある者は打たれ、ある者は殺された。しかし、まだ一人残っていた。それは愛する息子であった。主人は、『わたしの息子なら、恐れ敬うに違いない』と思って、最後にその息子を遣わした。すると、小作人は、『あれは跡取《あとと》りだ。さあ、殺してしまおう。そうすれば、相続財産はわれわれのものとなる』と話し合い、息子を捕まえて殺し、ぶどう園の外に放り出した。さて、ぶどう園の主人はどうするであろうか。彼は戻ってきて、小作人たちを殺して、そのぶどう園をほかの人たちに与えるであろう。あなた方は次の聖書の句を読んだことがないのか。『家を建てる者らが捨てた石、これが隅の親石となった。それは主の行われたことで、わたしたちの目には不思議に見える』」。

12・1〜11

私は京都「望洋庵《ぼうようあん》」に住んで三年半になります。最初の半年は家の整備、改修にかかりっきりでした。床が傾いていて、車のついた椅子とか、キャリーバックとかは、窓側に自然に転げていってしまったものでした。歩いてもわかるほどに床が傾いていました。築百八年の家なので、当然といえば当然なのでしょう。サレジオ修道会の修道士は実に器用で、家一軒建てる能力のもち主です。早速、Y修道士に頼んで家を修理してもらうことにしました。

Y修道士はK修道士を連れてきて、仙台から知り合いのWも仲間に入れて、三人で暑い夏、ダクダク汗を流して家の修理にあたってくれました。古い床を外し、土台をしっかりさせることから仕事を始めました。古家の土台は今のように、セメントを流しこんで鉄柱をさしこんだものではありません。石を積み上げて、その上に柱を乗せるのです。柱の下の石がずれたり、外れたりすると、家全体が傾きます。車のジャッキ二本で柱を上げて、平衡器《へいこうき》が水平になるまで石を割っては、それらをつけ足していくのです。先日、「望洋庵」の耐震工事はどうなっているのですかとある人から聞かれましたが、土台の石が外れたらすぐ倒れると答えると、怪訝《けげん》な顔をしていました。三日かけての大仕事でした。

「家を建てる者らが捨てた石、これが隅の親石となった」(12・10)

まず、なぜ捨てられていたのでしょう。どうして拾われて新しい家の土台の石となったのでしょう。物語を読むと、捨てられているのは悪い小作人です。まったく愚かな小作人です。自分で大事な土台石を放り出しているのですから。家の主人は小作人のことを思って、あらゆる手段を講じています。自分の不在中、不便がないように「垣根を巡らし、搾《しぼ》り場を設け」、部外者が入ってきて収穫をだめにしないように物見櫓《ものみやぐら》まで建ててやったのです。

収穫の季節になり、収穫の取り分を徴収《ちょうしゅう》するために、使いが送られますが、小作人はその使いの者を次々と殺すのです。それでも、小作人を信じて次の使いを送るのが、お人よしの主人です。ばかとしか言いようがありません。最後は、〃自分の息子ならうだろう〟と言って、跡取り息子を送ったのでした。小作人は手ぐすねひいて待っていて、跡取り息子だ、殺して、相続財産を全部奪おう、として彼を殺したというのです。

主人は小作人を新しい土台の石にしようとしたのです。これらの石は新しい家の土台になるはずでした。しかし、この石は徹底的に反抗します。要するに、主人を完全に無視したのです。どうせ何もできやしない、自分たちなしでは何もできないと、たかをくくっていたのです。しかし、主人の忍耐もそこまで、ついに忍耐の緒《お》を切らして、彼らを捕まえ、外に放り出すのです。そして、周りに転がっている石を拾って、それを土台に使って家を建てるのです。

聖書は、「それは主の行われたことで、わたしたちの目には不思議に見えた」(12・11)としめくくっています。期待をかけられた人たちが思いあがるとき、神さまはその人たちを捨てるのです。そして、その辺《あたり》に転がっている雑草のような人を選び、ご自分の家の土台に据えるのです。教会はいつもこの雑草のような人たちで成り立っていくものです。「先の者が後になり、後の者が先になる」（10・31）と聖書はしばしば語っています。

この物語の中では、自分の考えが絶対だと信じて、神から送られてくる人（預言者）たちを次から次へと葬《ほうむ》り、最後には神の子イエスさえも葬《ほうむ》ってしまう人たちのことが語られています。この人たちは、公然と神に逆らう人たちで、いかにも世界を牛耳《ぎゅうじ》っていると思い込んでいるのです。自分たちこそ社会を動かしていると思っています。本当に世界を治めているのは神さまなのです。自分が築いたと思っている事柄は、単なる砂上の楼閣《ろうかく》にすぎません。あっという間にガタガタと崩れ落ちるものです。人の上に君臨《くんりん》するのは神さまですし、人はその意志に従って生きることを学ばなければいけないのです。

ラテン語の諺《ことわざ》に次のようなものがあります。Homo proponit, Deus providet（人は提案し、神は決定する）、まさにそのとおりです。神さまの思いをこの世界にどのように実現していけるかを考えるのが人間です。世界に君臨する者は自分だと自負する者を、神さまは捨てるのです。ルカによる福音書の「マリアの賛歌」には、「権力をふるう者をその座から引き下ろし、身分の低い者を引きあげられました」（1・52）と歌われています。

不思議なことは、路傍《ろぼう》に打ち捨てられている石を、神さまが拾い上げて、次に建てる教会の礎《いしずえ》としていくことです。人の目にはなんの価値もないように見える人を、神さまは新しい教会建設のために使うのです。権威をふりまわして人を痛めつける人、大言壮語して周囲を煙に巻く人、何でも壊してまわる壊し屋などを、神さまは教会の土台とはしません。むしろ地味な、コツコツとつくり上げていく人を選びます。「人間は外観を見るが、主は心を見る」（サムエル記上16・7）と言われているとおりです。

小さな者、弱く見える者、貧しい者を、神さまは高く上げ、その人たちを土台として教会を建てていくのです。

二十四　死者の復活

マルコ12・18〜27

　復活はないと主張するサドカイ派の人々が、イエスのもとに来て尋ねた、「先生、もし人が妻を残して死に、子供がない場合には、弟がその女を娶《めと》り、兄のために子をもうけるようにと、モーセはわたしたちに書き残しています。さて、ここに七人の兄弟がいて、長男が妻を迎えましたが、子を残さずに死にました。それで次男がその女を娶りましたが、彼も子を残さずに死に、三男もまた同様でした。こうして七人とも死に、子を残しませんでした。最後にその女も死にました。ところで、復活にあたって、彼らが蘇《よみが》えったとき、この女は誰の妻となるのでしょうか。七人とも彼女を妻としたのですが」。イエスは仰せになった、「あなた方は、聖書も神の力も知らないから、そんな考え違いをしているのではないか。死者の中から復活する時は、娶ることも、嫁ぐこともなく、天の使いたちのようになる。死者の復活については、モーセの書の柴《しば》の箇所《かしょ》で、神がモーセにどのように語られたか読んだことがないのか。『わたしはアブラハムの神、イサクの神、ヤコブの神である』とあるではないか。神は死者の神ではなく、生きている者の神である。あなた方は大変な思い違いをしている」。

12・18〜27

私は生涯結婚することもなく、独身を生きました。もう八十歳ですので、もはや結婚することはないでしょう。もう少し若いころは、どうして結婚しないのですかとよく尋ねられたものです。答えるのにもためらいがあって、何となく口の中でもぐもぐとごまかしたものでした。お節介《せっかい》がいて、お見合いの労をとってくれた人たちもいました。

独身を生きていて、一番こたえた質問はこれでした。病気になって最期のとき、最愛の人をそばにもたないというのは、なんて寂しいことかということでした。

さだまさしの歌「亭主関白」の中に、「手を握って、いい人生だったと言ってくれ」という文句があります。確かにそんな人は私にはいません。でも考えてみると、結婚していても、いつもそばに愛する人がいるとは言い切れないし、むしろいない人のほうが多いと言っても過言ではないでしょう。

ところで、嬉しい文句を聖書の中に見つけたのです。「死者の中から復活する時は、娶《めと》ることも嫁ぐこともなく、天の使いたちのようになる」（12・25）。

死んだ後は、夫でも妻でもなく、まったく私一人だというのです。誰の夫です、誰の妻ですと自己紹介をすることがなくなり、私は私ですと言うようになるというのです。これを〝天使のようになる〟という表現で表しています。そう言えば天使には性というものがありません。人が勝手に男性の、女性の姿の天使像を描いているにすぎません。天使のようになるとは、神さまを見つめて、その手足となって人を助ける存在になることを表しています。

結婚している方々はきっと不満に思われることでしょう。死んでしまえば、夫も妻もないなんて、まったく寂しい限りだからです。死んで、まず迎えてくれるのは、ほかならぬ自分の夫であり、妻であるという思いがあるからです。私も昨年姉を亡くしましたが、死んでまず会いたいのは、父であり、母であり、姉なのです。でもこういうことを考えるのは、「あなた方は、聖書も神の力も知らないから」（12・24）と叱られそうです。

〝天使のようになる〟とは、天使の役割に似たことを果たすことを意味しています。

その役割の第一は、神を賛美することです。最近、私は声がかすれてきていて、もし天国にいくことになれば、賛美するためにまずこの声を回復してもらわないといけません。

第二の役割は、守護の天使の役割を果たすことです。人にはそれぞれ守護の天使がついていると若いころ教えられたものです。『千の風になって』という歌が一時はやりました。その中で、〝朝は鳥になってあなたを目覚めさせる〟といったような詩があったのを、おぼろげながらに覚えています。生きている人を助ける役割があるということです。または、神さまが望むことを人々に伝える役割です。天使ガブリエルはマリアさまのところに、神さまのメッセージを伝える役目をもちました。「神は死者の神ではなく、生きている者の神である」（12・27）と言われているのが、そのことです。私は死んで神さまの懐《ふところ》に抱かれて、生きている人のために仕える仕事をするのです。死んで初めて人に全面的に仕えるという役割が果たせるのです。これが幸せというものです。

それでも先ほどの問題は残っています。死んだとき、父母、夫、妻との関係はどうなるかということです。私が考えることはこれです。死ぬとき、最初に飛び込むのは、神さまの懐だということです。その懐の中にあって、父母、兄弟姉妹、妻、子どもたち、皆に会い、そして、何よりも最初に賛美の歌を歌い始めます。親子ともども手を取り合って、この世で苦しんでいる人々のために祈り、良き務めを与えるなどの奉仕を始めます。神さまを中心においた新しい家族の絆が生まれるのです。

私が死の床にあるとき、最後に看取ってくれる人がいないということを、あまり深刻に考えることはないようです。大切なのは誰に看取られるとかを考えることではなく、神さまの懐に抱かれるという希望をもって、人生の最期を迎えることです。死後の世界は、いくら考えてもピンときません。しかし、一つ言えることは、いつ死んでもよいように身辺を整理しておくことでしょう。

二十五　皇帝への税金　マルコ12・14～17

彼らはイエスのもとに来て言った、「先生、わたしたちはあなたが真実な方で、誰をもはばからない方であることを知っています。あなたは相手によって態度を変えることなく、真理に基づいて神の道を教えておられるからです。ところで、皇帝に人頭税《じんとうぜい》を納めることは許されていますか、いませんか。納めるのと納めないのと、どちらがよいのでしょうか」。イエスは彼らの下心を見抜いて仰せになった、「どうしてわたしを試《こころ》みるのか。デナリオン銀貨を持って来て見せなさい」。彼らが持って来たので、イエスは「これは誰の肖像か、また誰の銘《めい》か」とお尋ねになった。すると、彼らは「皇帝のです」と答えた。そこで、イエスは「皇帝のものは皇帝に、神のものは神に返しなさい」と仰せになった。彼らはイエスに驚《きょう》嘆《たん》した。

12・14～17

増税が施行されるとなると、世間が賛否両論でもちきりになるのは世の常です。税の問題は、お金に絡《から》むだけに、いつの時代ももめる材料でした。二千年前のユダヤでも、税金についての論争がありました。もともと十分の一税という規定があり、旧約聖書の中にはかなり詳しくそれが残されています。収入の十分の一を神殿に納めるという規定です。「土地の実りであれ、木の実りであれ、土地が育むものの十分の一は主のものである。それは主の聖なるものである」（レビ記27・30）

さらに、ユダヤ人成人男子は年に一度、神殿に納める税金の額が決められていました。旧約時代は半シェケル、新約時代は二ドラクメでした。一ドラクメは、当時一日の賃金と言われているので、現在では二ドラクメは一万五千円くらいでしょうか。十分の一税と二ドラクメとがどのような関係なのか、私は無知でわかりません。しかし、税金の問題は、昔の人々にとっても切実な問題だったということはわかります。

切実な問題だけに、行政が何を決めても、必ず文句の一つや二つは出されるものです。ユダヤは、さらにもっと難しい問題がありました。ユダヤは、ローマの植民地であり、ローマに人頭税を払わなければならなかったことです。外国の支配者にお金を貢《みつ》ぐことほど、屈辱的《くつじょくてき》なことはありません。この難しい問題を見越したうえで、イエスを陥《おとし》いれようとした人々がいたのでした。

「さて、人々は、またイエスの言葉じりをとらえようとして、ファリサイ派とへロデ党の中からいく人かをイエスのところに遣《つか》わした」（12・13）

ここで気づくことは、〝人々〟が主役であることです。自分は前面に出ないで、うまく人を扇動《せんどう》して、事が紛糾《ふんきゅう》すると、すっと陰に隠れてしまう人たちです。とてもずるい、陰険な人たちなのです。そして、それにのせられて出てくるのはファリサイ派とへロデ党です。

この二つの派閥は、実はまったく相容れないグループなのでした。ファリサイ派は熱心なユダヤ教徒であり、法律を遵守《じゅんしゅ》することを何よりも大切にしていました。純粋なユダヤの誇りを何よりも守ろうとします。ローマに税を払うなどは、もっての外でした。ヘロデ党はローマの権力にすり寄って、自分の身分の保全を図っていたのでした。税を納めるのも仕方なしとしていました。この合わない二つのグループは、イエスを亡きものにするということでは一致したのです。思想的に相容れないとか主張が異なることとかは、共通の敵を見つけるときにはどうでもよくなるものです。相手をたたけば、それですむのです。

イエスの鋭い批判は、両派のプライドをいたく傷つけていました。ファリサイ派の人は、安息日を守らないイエスを激しく責めました。これに対してイエスは、これまた激しく抵抗したのです。大切なのは人であり、法は人を守るためにあると主張し続けました。ヘロデは、洗礼者ヨハネの首を断ったことを悔いている優柔不断《ゆうじゅうふだん》な男なのです。妻のヘロディアや娘のサロメからよいようにあしらわれています。ヨハネに情を感じていても、仕方ないというだけの理由でヨハネを殺すのです。ヨハネの生まれ変わりのイエスに対しても、〝仕方ない〟で殺すのです。

しかし、もっと悪いのは、仲の悪い二つの派閥を操る影の力です。善人の仮面をかぶり、民衆を煽《あお》って政治の実権を握るPopularism（ポピュラリズム）の人たちです。イエスの死を画策《かくさく》するのは、こういった人たちです。そして、それに踊らされた民衆も加わってきます。そのときには、もはや抵抗が無駄なほど事態は深刻になります。「ファリサイ派の人々は出ていき、イエスのことについて、どのようにして亡きものにしようかと、ヘロデ党の人たちとただちに協議を始めた」（3・6）とあります。イエスは「ファリサイ派の人々のパン種とヘロデのパン種とに十分気をつけなさい」（8・15）と戒《いまし》められたのです。両者とも、自分の主義主張をとおすためには、イエスを殺すのを厭《いと》わないからです。

この文脈の中で、納税という問題が提起されています。ユダヤ人にとって、ローマに納税するのはまさに紛糾している問題だったからです。どのように答えようとも、イエスを非難する材料があるのです。ユダヤ人として、皇帝に納税するのは是か非か。イエスは、彼らより一枚上手《うわて》の千両役者です。狡猾《こうかつ》な質問に自分で答えを出すように仕向けていきます。デナリオン銀貨を持って来させて、「これは誰の肖像と銘か」と問い、そして彼ら自身に、「皇帝のもの」と答えさせているのです。そして「皇帝のものなら皇帝に」と短く答えて、話を切ります。

今日でも、十分の一税は、聖書に書かれているとおり、教会に払うべきと主張する人たちがいます。それも一律に実行しようとします。人はそれぞれ生活があるのであって、その生活の度合いに応じて、教会に献金すればよいと思います。ただし、信仰がない人に献金を求めても無理かなと思います。献金と信仰は比例しています。十二章の最後に貧しいやもめの話（12・41〜44）が載っています。イエスは、まるで財布の中を見ているかのような印象を受けます。見せびらかすように献金した人がいたことでしょう。このやもめのように小さくなって、財布の中の全部の金を献金箱に入れた人もいたでしょう。イエスの目には、お金の量より、お金を入れる人の心のほうがずっと大切だったのです。

二十六　この世は終わる

マルコ13・1〜8

さて、イエスが神殿の境内《けいだい》を出られると、弟子の一人が言った、「先生、ご覧ください。何と素晴らしい石、何と素晴らしい建物でしょう」。するとイエスは仰せになった、「あなたはこれらの壮大な建物を眺めているのか。積み上げられた石が一つも残らないまでに、すべては崩《くず》されるであろう」。

そして、イエスがオリーブ山で神殿のほうを向いて座っておられると、ペトロ、ヤコブ、ヨハネ、アンデレだけが来て、イエスに尋ねた、「これらのことはいつ起こるのですか。また、これらのことがすべて成就《じょうじゅ》される時には、どんな徴《しるし》がありますか。お話しください」。そこで、イエスは語り始められた、「誰にも惑《まど》わされないように気をつけなさい。多くの者がわたしの名を騙《かた》って現れ、『わたしがそれだ』と言って、多くの人々を惑わすであろう。また、戦争の騒ぎや戦争のうわさをなどを聞いても、慌《あわ》ててはならない。そういうことは起こらなければならないことであるが、まだ終わりではない。民は民に、国は国に逆《さか》らって立ち上がり、あちらこちらで地震があり、飢饉《ききん》が起こる。これは産みの苦しみの始まりにすぎない。

13・1〜8

私がサレジオ修道会（カトリック）に入会したときの院長は、ヴィンチェンツォ・チマッティという神父でした。白髪の七十歳を超えていたイタリア人宣教師でした。地質学者、教育学者、おまけに音楽の才能が抜群で、多くの作曲を残しています。

彼が私にくださった手紙には、いつも三つのことが書かれていました。イタリア語で「Niente ti turbi」（ニエンテ　ティ　ツルビ　何も心配もするな）という短い言葉です。チマッティ神父は、太平洋戦争の前に日本に来て、戦前、戦中の苦しい時期を、カトリック大分教区の教区長、またはサレジオ修道会の管区長として生き抜いた人でした。百戦錬磨《ひゃくせんれんま》の彼の目に、私は弱々しいひよことしか映らなかったのかもしれません。それだけに「何も心配もするな」は意味のある言葉でした。どんな状況になっても、心配しないで神さまの手に委《ゆだ》ねること、これを教えたかったのでした。今、私は彼のそのときの年齢を超えていくにつれ、痛いほどチマッティ神父が私に残したかった教えがよくわかるのです。

私がサレジオ修道会日本管区の管区長を勤めていたとき、西暦二〇〇〇年は世の終わりだと妄信《もうしん》している司祭がいて、この切羽詰《せっぱつ》まった時代にいまさら学校経営とか、養護施設の運営とかは無意味であって、すぐにそれらを停止して、祈りに専念すべきときだとしつこく主張していました。私は、たとえ終末がきていようとも、毎日のこれらの勤めを果たすことが大切だと彼を諭《さと》しましたが、聞き入れてもらえませんでした。

あるときにはこんなこともありました。学校で英語の授業の最中に、「校長先生、緊急に話したいという人が来ていて帰らないのです」と、事務の方が困って私のところに相談に来ました。授業が終わるまで待ってもらって応接室に出向くと、品の良い二人のご婦人が待っていました。すぐに彼女らは聖書の言葉を取り出して、「今はかけがえのないときですので、聖書の言葉をしっかりと聞かないといけません」と、私に説教を始めたのです。「私にとっては、今一番大事なのは、この中学生に英語を教えることだ」と述べたところ、「信仰がありませんね」と憐《あわ》れまれました。「もうぐずぐずしている時間がない」というのです。聖書の中の、ある言葉だけを取り出して、勝手に終末が来ていると解釈しているのです。

マルコは十三章でイエスの言葉として「誰にも惑わされないように気をつけなさい。多くの者がわたしの名を騙《かた》って現れ、『わたしがそれだ』と言って、多くの人々を惑わすであろう」（13・6）と語っています。まさに、こういう人たちのことだろうと、私は納得しました。

マルコ十三章は終末を扱っています。エルサレムの神殿が滅亡するから始まり、地震、飢饉《ききん》、戦争があるというくだりが続きます。しかし、全体を読めばわかることですが、これらはいずれも最後の日の前兆《ぜんちょう》に過ぎないのであって、むしろ、これらのことが起こるとき、「あなた方自身、自分のことに気をつけていなさい」（13・9）ということであることに目を向けなければなりません。あるいは、「最後まで耐え忍ぶ者は救われる」（13・13）ということを教えるためなのです。「誰にも惑わされないように気をつけなさい」（13・5）と教えています。

私たちが生きている現代を振り返ってみましょう。共産圏は終わらないように見えましたが、あっという間にソビエト連邦は崩壊しました。日本帝国主義は砂上の楼閣にすぎませんでした。旧約の時代、アッシリア、バビロニア、マケドニア、ローマと列強が支配しましたが、めまぐるしくすべては移っていきました。「おごる平家は久しからず」と平家物語で語られているとおりです。

万象流転《ばんしょうるてん》の世界で、忍耐を失わず自分を保っていることのほうが大切です。迫害や戦争が長引くとき、暴動を起こすか、あるいはあきらめてそのときどきの権力に屈するか、そのどちらでもなく、しっかりと時代を見極《みきわ》めて夢を捨てなかった人たちがいます。それがチマッティ神父であり、彼の「何も心配もしない」によく表されています。彼が生きた大正、昭和時代は、それこそ外国人として非常に厳しい試練の時代でした。そんな時代だからこそ、神を信頼して「何も心配しない」で生きることをモットーとしたのでした。

「気をつけて、日を覚ましていなさい」（13・33）とは、足元をよく見ることをさしています。現実をしっかりと見つめること、そして徒《いたずら》に焦《あせ》らないことです。この世がどのように動くか、よくわからなくても、現実の向こう側にある神さまの手をしっかりと見つめることです。これを「目を覚ましていなさい」で表現しているのです。

「眠らないで」とは、集中していなさいとの意味です。艱難《かんなん》や苦難に遭遇しても、その現実を直視して、福音に則《のっと》って判断し、歩むのです。「これらは産みの苦しみの始まりにすぎない」（13・8）とわかっているからです。人間の世界の出来事は永遠に続くものではありません。必ず終わります。「自分のことに気をつけていなさい」（13・9）とは、こういう時代だからこそ、自分を見失ってはいけないという教訓です。よく見極めたら、この世の権力も栄華も過ぎ去ることがわかります。しかし、今すぐ終末が来ると騒ぎたてても仕方がありません。そんなことより、しっかりと今ある現実を見つめ、そのときどきをいかに生きるかを神さまに問うことのほうが大切なのです。

しかしながら、この世は移り変わり、この世が終わる方向に向かっています。「その時がいつか、あなた方は知らない」（13・33）のであって、そんなことばかりを考えて、この世での役割をないがしろにすることはゆるされません。むしろ、〝いつか来る〟という希望をもってこの世の艱難《かんなん》を乗り越えることです。

パウロは晩年、愛弟子のテモテに次のように書き送りました。

「わたしは善い戦いを戦い、走るべき道程《みちのり》を走り終え、信仰を守り抜きました。この後《のち》、わたしのために用意されているのは、義《ぎ》の冠《かんむり》だけです」（テモテへの第二の手紙4・7〜8）

二十七　「この女」と言われる女性

マルコ14・3〜9

さて、イエスが、ベタニアで重い皮膚病を患ったことのあるシモンの家にいて、食卓に着いておられた時のことである。一人の女が、非常に高価な純粋なナルドの香油《こうゆ》の入っている小さな壺《つぼ》を持って来て、その口を割り、イエスの頭に香油を注いだ。するとそこにいた何人かの者が憤《いきどお》って互いに言い合った、「どうして香油をこんなに無駄遣《むだづか》いするのか。これだけの香油なら、三百デナリオン以上で売って、貧しい人々に施《ほどこ》しをすることができたのに」。そして、その女をきびしく咎《とが》めた。そこで、イエスは仰せになった、「この人のするままにさせておきなさい。なぜこの人を困らせるのか。わたしに善いことをしてくれたのだ。貧しい人々はいつもあなた方とともにいる。あなた方は望む時にいつでも、貧しい人々に善いことをすることができる。しかし、わたしはいつもあなた方とともにいるわけではない。この人はできる限りのことをしたのだ。埋葬《まいそう》に備えて、あらかじめわたしの体に油を注いだのだ。あなた方によく言っておく。世界じゅうどこでも、福音の宣べ伝えられる所では、この人の行ったこともまた、その記念として語られるであろう」

14・3〜9

では、この女は何をしたというのでしょう。そして、何を記念（14・9）しているのでしょう。世界中のどこにおいても、そして永遠に語り継がれる女の行いとは何だったのでしょう。「ベタニアの重い皮膚《ひふ》病を患《わずら》ったことのあるシモンの家」（14・3）にイエスがいたというのが場面設定です。

このシモンは重い皮膚病をイエスによって癒《いや》されていたのでした。気になるのは、イエスに治してもらったのに、何かわからない人物としてしか登場しないことです。ユダヤでは、食卓につくということは、足を投げ出して座るということでした。この食卓は男の世界で、そこに一人の女が現れます。男たちの視線が一斉にこの女に注がれます。「一人の女」といって名前を出していません。一般には「罪の女」と解釈されています。売春婦だったと書かれていることが多い女、不倫の罪で差別されている女、ともかく、自分の人生に陰を背負っている人であることは間違いありません。

不思議なことに重い皮膚病を癒された主人シモンは一切発言していないことです。

何を考えていたのでしょう。マルコは、シモンの名前を出すけど、それ以外まったく興味を抱いていません。彼の筆致《ひっち》はこの女にだけ注がれます。それも、彼女がどんな容貌で、どんな身体つきであったとかには一切興味を抱いていません。女の必死さだけに焦点を絞っています。

女はナルドの香油の小壺を持って入って来ます。ナルドの香油は、死者を葬るときに使われる香りの強い香油だそうです。しかも、それは三百デナリオンもする高価なものでした。当時一日の生活費は一デナリオンと言われているので、三百デナリオンは約一年分の生活費です。この女は自分の一年分の生活費全部をこの香油に費やしたのです。しかも、その壺を一気に割って壊したのです。一気に香油の強いにおいが宴席を満たしました。彼女の思いが一気に表現された瞬間です。彼女がもつ愛情のすべてが、ナルドの香油の壺を割ったその瞬間にあふれ出てきました。

女と対照的なのは、男の正論です。「そこにいた何人かの者が憤《いきどお》って互いに言い合った」(14・4)。憤ったと言っていますが、その実怒っていません。計算して、憤ったふりをしているのです。女が高価なものを割って、イエスの頭に油を注いだことに憤っています。全部お金に換算する魂胆《こんたん》が見え見えの憤りです。すべてを計算しているのです。女の愛情さへも計算しているのです。〝貧しい人に施すお金だったのに〟とは嘘《うそ》に決まっています。ボランティアと銘打って、その実自分の懐《ふところ》をいつも考えている人たちの心理状態にも似ています。しかも、それが正論ときているので、なおたちが悪い。正論をふりまわして、人の愛情を踏みにじるのです。

イエスは、正論を振りかざして人を糾弾《きゅうだん》する人々に、不快感を示します。それも、さりげなく、そして女に愛情を示すことでそれを表しています。「するがままにさせておきなさい。なぜこの人を困らせるのか」(14・6)、何という優しい言葉でしょう。この女がどんな女で、どんな事情で人生に落ち込んだか、何を望んでいるのかをわかったうえで、彼女をそのままで受け入れているのです。「わたしに善いことをしてくれた」(14・6)からなのです。この「善い」という単語を「美しい」と訳す人もいます。その意味だと、イエスはこの女がしている動作は、美しいともらしたのです。最高のほめ言葉を女性にしたのでした。

イエスにした女の所作《しょさ》はイエスの目に美しいと映ったのです。イエスが好ましいと思う女性は、このような女性です。自分の全部を男性に傾けていく、その情熱にイエスは魅《ひ》かれています。全身で自分を打ちこんでくる女性に、辟易《へきえき》する男性がいることは確かです。はっきり好きと言ってくれないあやふやな男性に対して、やきもきする女性がいることも確かです。イエスは、自分のすべてをぶつけて寄り添ってくれる女性を大事にします。

しかも、それは「埋葬に備えて、あらかじめわたしの体に油を注いだのだ」（14・8）からなのです。美しいのは、彼女の容貌《ようぼう》が輝いていたからでなく、イエスの死を共にするとの、その決意の表れにあるのです。ナルドの香油は、イエスの死を弔《とむら》う香油であり、愛する方と死を共にするというこの女性の切々たる思いを示しています。死を前にして逃げていく弟子たちと対照的に、イエスに行動で従うという決意を示す女の物語です。だからこそ、この物語は歴史が続くかぎりその記念として伝えられていく（14・9）のです。

マルコは、随所に輝く女性を登場させます。その反対に、臆病なくせに、変に恰《かっ》好《こう》をつけたがる男たちを登場させます。イエスの教えを肌で感じ取っていったのは、むしろ女性たちのほうでした。

二十八　裏切り　マルコ14・1～2、10～11、17～21、26～31、43～51

さて、過越《すぎこし》の祭りと除酵祭《じょこうさい》が、二日後に迫っていた。祭司長や律法学者たちは、策略《さくりゃく》を用いて何とかイエスを捕らえ、殺そうと謀《はか》った。しかし、彼らは、「祭りの間はいけない。民衆が騒動を起こすかもしれない」とも言っていた。

14・1～2

さて、十二人の一人イスカリオテのユダは、イエスを引き渡そうとして、祭司長たちの所へ出かけていった。彼らはこれを聞いて喜び、金を与えることを約束した。そこでユダは、どうしたらイエスをうまく引き渡すことができるか思い巡らしていた。

14・10～11

さて夕方になると、イエスは十二人とともに来られた。そして、一同が席に着いて食事をしているとき、イエスは仰せになった、「あなた方によく言っておく。あなたがたのうちの一人で、わたしとともに食事をしている者が、わたしを裏切ろうとしている」。弟子たちは深く心を痛め、「まさかわたしではないでしょう」と口々に言い出した。そこで、イエスは仰せになった、「十二人の一人で、わたしと一緒に鉢に食べ物を浸している者が、それである。まことに書き記されているとおりに、人の子は去っていく。しかし、人の子を裏切るその人は不幸である。むしろその人は、生まれなかったほうがよかったであろう」

14・17～21

そして一同は歌を歌ってから、オリーブ山へ出かけた。その時、イエスは弟子たちに仰せになった、「あなたがたはみな、つまずくであろう。『わたしは牧者を打つ。すると、羊は散ってしまう』と書き記されているとおりである。しかし、わたしは復活した後、あなたがたより先にガリラヤへ行く」。すると、ペトロがイエスに言った、「たとえ、みながつまずいても、わたしはつまずきません」。そこで、イエスはペトロに仰せになった、「あなたによく言っておく。そういうあなたが、今日、今夜、鶏《にわとり》が二度鳴く前に、三度私を知らないと言うであろう」しかし、ペトロは強く言い張った、「たとえ、あなたとともに死ななければならないとしても、決してあなたを知らないとは言いません」。すると、みなもまた同じように言った。

14・26〜31

するとﾞ、イエスの言葉がまだ終わらないうちに、十二人の一人であるユダが現れた。祭司長や、律法学者や長老たちから遣《つか》わされた群衆が、剣《つるぎ》や棒を持ってユダについて来た。裏切り者のユダは、「わたしが接吻《せっぷん》する者が、その男だ。捕まえて、ぬかりなく引っぱって行け」とあらかじめ彼らと示し合わせていた。ユダは、来るとすぐに、イエスに近寄り、「先生」と言って、イエスに接吻した。すると、人々はイエスに手をかけて、捕まえた。その時、傍《かたわ》らに立っていた一人が、剣を抜いて大祭司の僕《しもべ》に切りかかり、その片方の耳を切り落とした。イエスは人々に向かって仰せになった、「あなた方はまるで強盗にでも向かうように、剣や棒を持ってわたしを捕らえに来たのか。毎日わたしはあなた方と一緒にいて、神殿の境内で教えていたのに、あなた方はわたしを捕まえなかった。しかし、こうなるのは聖書の言葉が成就するためである」。弟子たちはみな、イエスを置き去りにして逃げ去った。

さて、ある若者が素肌に亜麻布《あまぬの》を一枚まとって、イエスの後について来ていた。人々が捕らえようとすると、彼は亜麻布を脱ぎ捨て、裸で逃げ去った。

14・43〜52

「同じ釜の飯を食った仲間」という言葉がありますが、一緒に育った親しい人のことをさしています。食車は楽しい場所であり、くつろぎの時間です。「詩編」では、その同じ食卓を囲んで食事を一緒にした友達が自分を裏切った、これが一番つらいことだと語っています。

わたしが頼みとした親しい友、ともにパンを食べた彼さえも、
わたしに対してかかとを上げました。
（詩編41・10）

わたしをののしったのは敵ではない。
もしそうなら、私は忍ぶことができよう。
わたしに逆らったのは私を憎む者ではない。
もしそうなら、わたしは離れて身を隠すこともできよう。
しかし、それはお前だ。

わたしの同僚、わたしの仲間、わたしの親しい友。
わたしたちは神の家でともに楽しく交わり、祭りの人込みの中を歩いたものだ。
（詩編55・13〜15）

いちばん親しい友達と些細《ささい》なことで仲たがいになり、疎遠《そえん》になり、音信不通になったという経験をもっていませんか。イエスは、死ぬ最後の一週間、弟子たちが自分を裏切っていくのを、目の当たりにしていきます。まず、イスカリオテのユダです。金で先生を裏切ったと書かれています（14・11）。裏切りには、金が絡《から》むことと、愛情が絡むことがあります。ほんの一言でも、あるいはほんの一握りの金でも、人間を動かします。きれいごとを言っても、結局は金がものを言うとは、人の心理を言い当てて妙です。思い入れの激しい人は、愛情過多になり、それが裏切られたとなると、呪いに似た憎しみに変わるものです。ユダは自分から祭司、長老たちのところへ出向いていって、裏切ると書かれています。おそらく、〝あんな奴〟ほどのつもりで裏切ったのでしょう。律法学者たちは喜んだ（14・11）と書かれています。しめしめと思ったのでしょう。まんまとユダを裏切りに乗せるのに成功したからです。

日本の戦国の大名たちにとっても、現代の戦争でも裏切りはつきものです。秘密工作員を相手陣営に送り込んで、相手の人心をかき乱す、これは現代でもスパイとか、諜報員とかが暗躍する小説によく表れています。ユダに見事に欺《あざむ》かれたのでしょう。裏切りくらい味方陣営の意気を殺《そ》ぐものはありません。

先生を訴えるということは、よほどのことです。何がユダにあったのか、聖書は何も言っていません。想像するよりほかに方法はありません。全体を読んで、暴力で脅《おど》されて裏切りに至ったとは思えません。お金を約束したのは、ユダがのこのこと出かけて行ったからです。長老がお金を約束したから裏切ったとも言えない気がします。

ヒントは、ベタニアのシモンの家の事件とかかわっていることです。罪の女が高価な香油をイエスの頭に注ぎ込んだ、あの事件のことです。男たちは憤《いきどお》って、「どうしてこんなに無駄使いするのか」と言った場面です。この「憤った」男の代表をユダと考えてみましょう。女は思いを寄せている人に惜しみなくお金をつぎ込んでいるのです。イエスは、この女の愛情を素直に受け止めます。ユダは、これがたまらなかったのです。ある種のやっかみが混じって、財布、すなわち自分の権限をとおり越してイエスが行動することへの反発がありました。

財布を握ることは、人への権力を誇示することにつながります。財布を持っている人が、必要な人に、寛大にあげることを知っている人ならば、人から好かれます。自分の金でもないのに、ただ財布を握る役目を果たしているだけなのに、他人にけちったり、見えをはったりすると、その人は嫌われます。ユダの中には、あの女へのやっかみと、彼女をそっくり受け止めている先生に対して怒りのような感情があったと考えるとどうでしょう。いつも無視されているという憤りに似た感情を抑えきれなくなったとき、裏切りという行為となったのでした。

こうあるべきだと主張する人は、往々にしてそうでないと、憂鬱《ゆううつ》になり、精神状態がいびつになります。こんな先生にはついていけないと思い込んでしまうと、もうそこから抜け出すことができなくなるのです。洗脳《せんのう》などということは、案外こんなところからきているのでしょう。強くてたくましい、そんな先生の姿を追い続けていたユダは、女に心をゆるしている先生にがっかりしたのかもしれません。

複雑なユダの心境を再現するのは、とても困難です。多くの人が今まで、これを解明しようと試みましたが、いずれも憶測《おくそく》の域を出ることはありません。ただ、ユダは祭司長や律法学者たちが「策略を用いてなんとかイエスを捕らえ、殺そうと謀《はか》った」(14・1)ことを知っていたはずです。町全体の雰囲気の中に、イエスに迫っている殺意をいち早くキャッチしていました。その意味で、ユダは他の弟子たちよりずっと情報通であり、世の動きに敏感であったと言えます。

ユダは以前から、先生に不満をもっていたのではないでしょうか。直接には、女にだらしないイエスに冷たい目を見せることから始まり、それ以前にお金に淡白なイエスを世間知らずと疎《うと》んじる気持ちもあったでしょう。つきつめていけば、お金は人生では絶対でない、というイエスの考え方に懐疑的であったようです。

〃ようです〃とか〃でしょうか〃と言っているのは、この私では想像がつかないからです。ただはっきりしているのは、ユダは先生を敵に売るということを、あると き決意したことです。「どうしたらイエスをうまく引き渡すことができるか思い巡らしていた」（14・11）のです。問題はイエスがすべてをお見とおしだったということでした。裏切るはずのユダは、「わたしとともに食事をしている者が、わたしを裏切ろうとしている」（14・18）という先生の言葉を聞いていて、しかも食卓に連なり、「わたしの体である」（14・22）と明言された後にパンをいただいたのでした。さらに「その人は、生まれなかったほうがよかったであろう」（14・21）とさえ言われるのを聞いていたのです。

私にはユダの気持ちがわかりません。ここまで言われても、人間、一度思いつめると、何も見えなくなるのでしょう。

次の箇所で、ペトロが盛んに言い訳している場面が続きます。「たとえ、みながつまずいても、わたしはつまずきません」（14・29）とか、「たとえ、あなたとともに死ななければならないとしても、決してあなたを知らないとは言いません」（14・31）と語っています。シニカルな笑みを浮かべているユダと対照的です。

ユダはすべてを見とおし、黙っているイエスが憎かったのかもしれません。ペトロは饒舌《じょうぜつ》です。無言で自分の計画を冷静に実施しているユダとは対照的です。そして、二人してイエスを裏切るのです。裏切る原因は、長く横たわっていた不信感にありました。どちらにしても、弱いイエスに対しての焦りのようなもの、あるいは、諦めに似た思いがあったのでしょう。無意識の中で、この人にすがるのを躊躇《ちゅうちょ》する自分があったのでしょう。

ゲツセマネの園で、ユダは祭司長や律法学者や長老たちから遣《つか》わされた群衆をつれて現れます。「わたしが接吻する者が、その男だ。捕まえて、ぬかりなく引っ張って行け」（14・44）とあらかじめ彼らと示し合わせていて、そして、ユダはイエスに近づき「先生」と言って接吻したのでした。まるで一連のドキュメンタリー映画を観ている錯覚に陥《おちい》ります。「弟子たちはみな、イエスを置き去りにして逃げ去った」（14・50）のです。おまけにマルコという若者が慌てふためいて逃げる場面も描いています。「さて、ある若者が素肌に亜麻布を一枚まとって、イエスの後について来ていた。人々が捕らえようとすると、彼は亜麻布を脱ぎ捨て、裸で逃げ去った」（14・52）と、マルコは自分を自虐的《じぎゃくてき》に語っています。

ユダのそれからについては、他の福音書のようにマルコは一切を語りません。そんなことに興味がないからです。ペトロも含めて、弟子たちは皆先生を裏切ったこと、そして逃げ去ったこと、イエスの苦しみと死の場面に、誰もいなかったことを強調したかったのでした。従ってイエスの死の証人となることはなかったと言いたいのです。何と不思議な終わり方でしょう。イエスに一番近かった人たちは、一様《いちよう》に先生の死には立ち会っていないのです。

最後に一言。

「ペトロは、イエスが自分に、『鶏が二度鳴く前に、三度わたしを知らないと言うであろう』と仰せになったことを思い出して、突然泣き出した」（14・72）との箇所は、ユダとの違いをかいま見せてくれています。しかし、そのペトロは、イエスの死には顔も見せていません。マルコはだめな弟子たちをこれでもか、これでもかと書きあげているのです。

二十九　受難物語

マルコ14・32〜42、15・33〜37

さて、一同がゲツセマネと呼ばれる所に着くと、イエスは弟子たちに仰せになった、「わたしが祈る間、ここに座っていなさい」。そして、ペトロ、ヤコブ、ヨハネだけを連れていかれたが、イエスは深く恐れ、悶《もだ》え始め、彼らに仰せになった、「わたしの魂は悲しみのあまり、死ぬほどである。ここにいて、目を覚ましていなさい」。そして、少し先の方に進み、地にひれ伏し、もしできることなら、この時が自分から過ぎ去るようにと祈り、こう仰せになった、「アッバ、父よ、あなたにはおできにならないことはありません。わたしからこの杯《さかずき》を取り除いてください。しかし、わたしの思いではなく、み旨のままになさってください」。

それから、弟子たちの所に戻ってご覧になると、三人は眠っていた。そこで、ペトロに向かって仰せになった「シモン、眠っているのか。一時《いっとき》も目を覚ましていることができなかったのか。誘惑に陥《おちい》らないよう、目を覚まして祈っていなさい。心ははやっていても、肉体は弱いものだ」。そしてまた、離れていき、前と同じ言葉を唱《とな》えてお祈りになった。再び戻ってご覧になると、三人は眠っていた。まぶたは重かったのである。彼らは、イエスに何と答えたらよいか、分からなかった。

さて、イエスは三度目に戻ってこられたとき、仰せになった、「もう眠って休みなさい。終わった。時は来た。さあ、人の子は罪人《つみびと》らの手に渡される。立ちなさい、さあ行こう。見なさい、わたしを裏切る者が近づいてきた」　14・32〜42

さて、正午になると、全地は暗くなり、それが三時まで続いた。そして三時ごろになると、イエスは大声で叫ばれた、「エロイ、エロイ、レマ、サバクタニ」。これは、「わたしの神、わたしの神、どうしてわたしをお見捨てになったのですか」という意味である。近くに立っていた人々のうち、これを聞いて、「見よ、エリヤを呼んでいる」と言う者もいた。すると、一人が走っていき、海綿《かいめん》に酸《す》いぶど

う酒を含ませ、葦《あし》の棒につけ、イエスに飲ませようとして言った、「エリヤが下
ろしに来るかどうか見ようではないか」。しかし、イエスは大きな叫び声をあげて、
息を引き取られた。
15・33～37

人は苦しいとき、どうしてもそこから逃れたいと思い、それが叶《かな》わないときには悶々《もんもん》とするものです。失恋した仲間がげっそりとやせているのを見て、女は世界で一人だけじゃないなんて、慰めにもならないことばを言ったところで、なんの役にもたちません。今はこの女の人しか見ていないのであって、待つよりほかに方法はありません。自分が思ったとおりにことが動かないと失望し、この世が終わるかのように嘆くのです。時間がたつまでとか、気を紛らわして場所を変えてみたらとか、いくら勧めても埒《らち》があきません。苦しみは人生の勉強などとお説教めいた話などはまったく論外です。それは当人の問題だからです。この世に生きているかぎり、大きいか小さいかは別にして、人生常に苦しみが伴います。では苦しみとは何でしょう。どうして苦しみがあるのでしょう。

聖書は、イエスは苦しんだということをふんだんに語っています。イエスにとって、苦しみとはどういうことだったのでしょう。エルサレム郊外にゲツセマネという場所があります。最後の夕食を終えて、イエスの一行は祈るためにゲツセマネにやって来ました。このときイエスの心はズタズタに引き裂かれていました。お金を握っていた弟子のユダは、出世欲とか、猜疑心《さいぎしん》とか、何かにとらわれて、先生のイエスを反対派のユダヤ人に売り、報酬としてお金をもらった、それをイエスはわかっています。一番弟子と自称するペトロは、意気込みだけで、その実簡単に先生を裏切り、逃げ去ってしまうのを知っています。ほかの弟子たちもまったく同じです。

詩編は「わたしが頼みとした親しい友、ともにパンを食べた彼さえも、わたしに対してかかとを上げました」（詩編41・10）と歌っていますが、自分の身内から裏切り者が出る、これほど悲しいことはありません。今、そこで食事を一緒にしていた、その弟子たちが自分を裏切り、自分にかかとを上げるのです。これほどの屈辱があるでしょうか。私たちは、一番苦しいときに一番親しい友達がいてほしいと思うものです。そばにいてもらいたいと思う人が、逃げ去って、いない。こんなに悲しいことはありません。

ゲツセマネの園でイエスは悲しみのあまり、失望しきった祈りをささげています。「深く恐れ、悶《もだ》え始め」（14・33）、「わたしの魂は悲しみのあまり死ぬほどである」（14・34）と仰せになりました。裏切った弟子たちのこと、これから起こる苦しみと死のこと、死んだ後に始まるだろう教会のこと、これらすべてがイエスの胸を揺さぶったのでした。嘆き苦しむこのイエスの姿を、聖書の中に発見するとき、ある種の安堵感《あんどかん》を覚えるのは私だけでしょうか。何か私たちにも、苦しいときには苦しいと叫びなさいと励ましているように思えるからです。

キリシタン時代、一番よく読まれた本に、『こんてむつすむんじ』があります。現在『キリストに倣《なら》いて』という題名で出版されていて、現代でもキリスト教会ではよく読まれている本です。この本は一種の修徳書で、キリストに倣うことが人生の目的であり、人の歩む道であるという教えで貫《つらぬ》かれています。特にキリストの十字架、その死に倣うことが大切であると教えています。

そのキリシタン時代に大阪でひそかに洗礼を受けた女性に、細川忠興《ほそかわただおき》の夫人がいました。彼女の洗礼名はガラシャでした。あるとき、夫忠興が自分の侍女に手をつけたことで、彼女は悩み、家を出る決心をしました。そのころ京都に働いていたオルガンティノというイタリア人の神父が、彼女に送ったのがこの『こんてむつすむんじ』の一節でした。「一つの苦しみを逃げたら、ほかのもっと大きな苦しみが襲ってくる」といった内容のものでした。オルガンティノはガラシャ夫人に、この一節を送ることで家出を止めたのでした。

イエスは「わたしからこの杯《さかずき》を取り除いてください」（14・36）と願っています。しかし、最後には「わたしの思いではなく、み旨《むね》のままになさってください」（14・36）と祈るのです。この「み旨のままに」がイエスの真髄《しんずい》です。マリアが男の子を産むということを告げられたときにも、とまどいながらも「み旨のままに」と答えています。泣き叫んでもいいし、取り乱してもいいのです。でも最後に神さまの手の中に自分を任せるという祈りができることが大切です。

こうして、イエスは「時は来た」（14・41）と言って、敢然《かんぜん》と来るべき苦しみに立ち向かったのでした。苦しみは、望むか望まないかにかかわらず、必ず襲ってきます。そのとき「み旨のままに」と神に委《ゆだ》ねる祈りをすることが、人ができる最後の、そして最高の行為なのです。つらさは、逃げても逃げても追ってきます。「時は来た」とイエスが立ち上がったと同じように、正面から苦しみに向き合うより方法はないのです。ただし、自分の力ではなく、神の力を借りて立ち向かうことです。そしてイエスはいよいよ十字架につけられます。その様子は、この項の冒頭の聖書に掲《かか》げています。

午後三時ごろ「エロイ、エロイ、レマ、サバクタニ」（15・34　わたしの神、わたしの神、なぜわたしを見捨てられたのですか）と、十字架上でイエスは、絶望的な、呪いにも似た叫びを発しています。この言葉は、旧約聖書の中にある詩編（22・2）に書かれている言葉です。「なぜ、私を見捨てられたのですか」イエスの言葉の真意をわかるためには、詩編二十二章全体を一度ゆっくりと読む必要があります。

詩　編22・19　わたしの衣服を分け合い、着物をくじ引きにします。
マルコ15・24　彼らはイエスを十字架につけた。そして、誰がどれを取るかをくじで決めて、その衣を分けた。

詩　編22・7　わたしは虫けら、人ではない。
マルコ15・17　兵士たちは、イエスに真紅のマントを着せ、茨《いばら》の冠《かんむり》を編んでかぶせ、「ユダヤ人の王、万歳」と言って、敬礼した。

詩　編22・15　骨はことごとく外《はず》され、心は蠟《ろう》のように胸の中で溶けています。
マルコ15・20　このように兵士たちはイエスをなぶりものにした後《のち》、真紅のマ

ントをはぎ取り、また、元《もと》の衣を着せ、十字架につけるために
連れ出した。

詩　編22・9

「彼は主を頼みとした。主が救えばよい。主が彼を喜びとする
なら、救いだせばよい」

マルコ15・29〜30

するとそこを通りかかった者たちは、頭を振りながら、イエ
スを冒瀆《ぼうとく》して言った。「おい、神殿《しんでん》を壊して三日のうちに建て直
す者よ、十字架から下りて自分を救ってみろ」

詩　編22・17

犬がわたしを囲み、悪を行う輩《やから》が攻め囲み、わたしの手足を縛《しば》
りました。

マルコ15・31〜32

祭司長たちも律法学者たちと一緒になって、イエスをあざけり、
口々に言った「あの男は人を救ったが、自分自身を救うことは

できない。イスラエルの王メシアよ、今、十字架から下りれば
よいではないか。そうすれば、われわれもそれを見て信じてや
ろう」

こうして詩編二十二章とマルコ十五章を対比して読んでみると、詩編22がマルコ十五章の受難の場面の下敷きになっていることに気づきます。徹底して苛《いじ》められ、侮辱《ぶじょく》され、十字架につけられて死んだイエスの最後の言葉、「捨てられたのですか」をよくわかるために、詩編二十二章の結語に留意しないといけません。

わたしはみ名を兄弟に告げ、会衆の中であなたをたたえましょう。(詩編22・23)地の果ての者はみな思い出して主のもとに返り、国々の氏族はみな、み前にひれ伏すでしょう。(同22・28)

「エロイ、エロイ、レマ、サバクタニ」という言葉は、決して失望しているからではなく、このように神からも見捨てられた状態にあっても、「地の果てにまで」「会衆すべてが」、「国々の民《たみ》みなが」神の救いを受けて賛美するに至るために必要な苦しみだと伝えているのです。イエスはすべての人の罪を負って、最後の一滴までを人のためにささげつくしたのでした。「なぜ見捨てられたのか」の叫びは、これこそ人々の救いのために必要な苦しみなのだと、イエス自身が自分に言い聞かせている言葉なのです。

苦しみは否でも応でも、誰にでも、いつかは生涯に襲ってきます。望まずとも必ず訪れます。そのとき、泣きわめいても、悶《もだ》え苦しんでもよいのです。しかし、静かな一時が訪れれば、これらの苦しみを耐えることで、周りにいる人々の苦しみが癒されると感謝することです。

最後に原爆が落ちた直後の長崎の話をしましょう。焼野原《やけのはら》となった長崎浦上天主堂の跡地で最初のミサがささげられました。そのとき、被爆した永井隆博士は、浦上の信者の死は世界の平和のための犠牲であると話しました。

これこそ「エロイ、エロイ、レマ、サバクタニ」の叫びの意味なのです。彼の言葉の意味を考えながら、この項を終わることにいたします。

三十　最後の晩餐　マルコ14・12〜16、22〜24

過越《すぎこし》の小羊を屠《ほふ》る除酵祭《じょこうさい》の第一日に、弟子たちはイエスに尋ねた、「わたしたちは過越の食事を用意するために、どこに行ったらよいのでしょうか」。イエスは次のように仰せになって、二人の弟子を遣《つか》わされた、「町に行きなさい。そこで、水瓶《みずがめ》を担《かつ》いだ男に出会うであろう。その人について行き、その人が入って行く家の主人に言いなさい、『わたしが弟子たちとともに、過越の食事をする部屋はどこか、と先生が言っております』。すると、その主人は準備の整った二階の大広間へ案内してくれるであろう。そこにわたしたちために用意しなさい」。そこで、二人の弟子は出かけた。町に行ってみると、イエスが仰せになったとおりであったので、過越の食事を用意した。

14・12〜16

さて、一同が食事をしているとき、イエスはパンを取り、賛美をささげて、これを裂《さ》き、弟子たちに与えて仰せになった、「取りなさい。これはわたしの体である」。また、杯《さかずき》を取り、感謝ささげて、彼らに、お与えになった。彼らはみな、その杯から飲んだ。すると、イエスは仰せになった、「これはわたしの血、多くの人のために流される契約の血である」。

14・22〜24

カトリック教会は、日曜日の礼拝を、ミサという形式で執《と》り行います。祭壇を中心としての礼拝です。聖堂の中心に祭壇を据《す》えて、そこでキリストが死ぬ前の晩に行った晩餐《ばんさん》の式をミサのたびに繰り返し行うのです。

イエスが死ぬ前日、晩餐を弟子たちともったことは、初めのころの教会にとって、とても大切なことでした。ユダヤ人は、ユダヤの習慣に従って、過越祭《すぎこしさい》のときに「過越の食事」をしていました。過越祭とは、その昔、イスラエルの民がエジプトの奴《ど》隷《れい》状態から解放されて、モーセという指導者に連れられて、自分たちの母国イスラエルに帰ることができたことを記念する祭りです。

イエスは最後の夕食を弟子たちと一緒に行いました（マルコ14・12～16）。イエスにとっては、この世での最後の食事となるのです。弟子たちに残したい事柄を、この食事の中で伝えたのでした。形式はユダヤの過越祭で行うその方法でした。イエスは主人であり、食卓を囲んでいる人々に、過越とは、神がユダヤ人をエジプトの奴隷の状態から救ったことを記念するものだと説明したのでした。こうして食事をすませてから、改めて、イエスが行う過越の意味をつけ加えました。

「パンを取り、賛美をささげて、これを裂き、弟子たちに与えて仰せになった、『取りなさい。これはわたしの体である』。」（14・22）

パンを取って、これは「わたしの体」と言って弟子たちに渡したというのです。ここにあるパンを「わたしの体」と言ったのだから、大変なことです。マルコの福音よりも後に書かれたヨハネの福音書では、一つの章を全部、このパンということにあてて書いています。それによると、イエスが自分の体だと言ったのを聞いて、人々が「この人は、どうして自分の肉を私たちに与えて食べさせることができようか」（ヨハネ・6・52）と言って去っていったというエピソードを載せています。「このことがあって、弟子の多くはイエスに背を向けて去り、もはやイエスと行動をともにしなくなった。そこで、イエスは十二人に、『まさか、あなた方まで離れていくつもりではあるまい」とお尋ねになった」（同６・66〜67）。これに対して、ペトロは「主よ、わたしたちは誰のもとに行きましょう」（同６・68）と答えています。人々は、イエスが話しているのは〝イエスの体〟のことだと理解したことを意味しています。またこのことについて、初めの時代から疑わしく思う人がいたことも確かです。

他方、教会は常にこのことを語ったという歴史をもっています。それほど、とても大事な教えであると信者に念を押して、言い聞かせていたのです。理性でそれが何かという議論より、教会はイエスが望まれたこと、初代教会からこのようにしたということを説得の材料にしたのです。

私はカトリックの司祭ですが、こんな欠点の多い私が、ミサの中で、「これはわたしの体」と言えば、パンがキリストの体になるというのです。もうここに至ると、頭を下げて信じますとしか言えないのです。これを言うと、私の周りで〝ばかばかしい〟という声が聞こえてきそうです。信じるか、信じないかは、あなたにお任せします。しかし、信じる理由は、教会が「これはキリストの体（＝ご聖体）」と宣言したことにあります。ミサと聖体を抜きにして、カトリック教会は存在しません。

パウロという弟子は、西暦五〇年代ユダヤ人でない人々に宣教して、中央アジアからギリシャ、ローマまで教会を建てた偉大な使徒でした。彼はコリントの教会に宛てて、最後の晩餐はどのように行われたか、どのような意味があるのかを説明した手紙を送っています。「これはわたしの体」という教えは、決して譲ってはいけない教えである、とわかっていたからです。これはイエス自身の遺言として受け継ぐべきものだったからです。

六〇年代にマルコは福音書を書きましたが、彼は二度もパンの増加の話を載せています。それは最後の晩餐を思い出させる想定のもとに書かれています。マルコも教会の伝承に従って、最後の晩餐の場面を設定しました。それは、教会の教えの中で、「キリストの体」という伝統をどうしても守り抜きたかったからです。

七〇年代のマタイ、ルカという二人の福音書記者もやはり、この最後の晩餐を省くことはありませんでした。そして、九〇年代後半、ヨハネはその福音書の中で、実に長々とパンの意味を繰り返し、説明したのでした。「パンはキリストの体」という教えは、実は教会にとってはいのちの問題でした。十六世紀になって、教会が分裂するに至ったときも、やはりこのパンのことが疑問視されていたのでした。プロテスタントの教会にとって、礼拝の中心は言葉なので、説教壇が教会の中心に据えられます。カトリック教会はミサがささげられる祭壇が中心です。カトリック教会は、初代より、ミサが礼拝の中心にあると主張してやみませんでした。

では、どうしてカトリック教会は、このパンをそんなに大事にしたのでしょう。一つは、キリストをいただくことで、キリストと完全に一致することだからです。キリストと精神的に一致するだけでなく、キリストと同じ体をもつと考えています。カトリック教会のミサにあずかればわかることですが、聖体拝領《せいたいはいりょう》というのがあって、信者は司祭からパンをいただくために祭壇の前で列をつくります。そのとき、司祭は信者にパンを渡しながら「(これは)キリストの体」と言います。信者は「アーメン(そのとおりです)」と答えます。この「アーメン」は、〝キリストの体〟を信じますという信仰宣言なのです。

また、同じ主をいただく信者同士は真の兄弟であることを表しています。ミサにあずかることで、同じ食卓を囲む兄弟となるのです。単に好きとか、嫌いとかの兄弟ではなく、同じキリストをいただく兄弟であることをさしています。隣の人に、同じキリストをいただいた神を認め、尊敬し合うのです。

もう一つの意味は、「渡される」、「（パンを）裂いて」、「わたしの血」（一コリント11・23、24、25）といった言葉は、イエスが人々のために自分を死に渡すことを意味しています。人々のために犠牲となってささげられることなのです。ミサをとおして教会は、イエスと共に自分をささげるのです。それをとおして、教会はこの世界に生きるすべての人々のために自分を犠牲としてささげているのです。

ご聖体の箇所に関して、舌足らずの点が多々あるのですが、今回はこれで終わりといたします。

三十一　イエスの死の証人たち　マルコ15・20～22、37～39、42～47

このように兵士たちはイエスをなぶりものにした後《のち》、深紅のマントをはぎ取り、また、元《もと》の衣《ころも》を着せ、十字架につけるため連れ出した。そこへ、アレクサンドロとルフォスの父でシモンというキレネ人が、田舎から出てきて通りかかったので、シモンにイエスの十字架を無理に背負《せお》わせた。

こうして、彼らはイエスをゴルゴタ――その意味は「髑髏《されこうべ》の場所」――という所へ連れて行った。　15・20～22

しかし、イエスは大きな叫び声をあげて、息を引き取られた。その時、聖所《せいじょ》の垂れ幕が上から下まで真っ二つに裂けた。イエスの近く、その正面に立っていた百人隊長は、イエスがこのように息を引き取られたのを見て言った、「まことに、

この方は神の子であった」。 15・37～39

そして、夕方になった。その日は準備の日、すなわち安息日《あんそくじつ》の前日であったので、立派な議員の一人、アリマタヤのヨセフが、意を決してピラトのもとに行き、イエスの体の下げ渡しを願い出た。彼もまた神の国を待ち望んでいた人であった。ピラトは、イエスがもう死んでしまったのかといぶかり、百人隊長を呼び寄せて、もう死んだのかと尋ねた。そして、百人隊長に確かめたうえで、遺体をヨセフに下げ渡した。そこで、ヨセフは亜麻布を買い、イエスを下ろしてその亜麻布で包み、岩を掘って造った墓の中に納め、墓の入り口に石を転がしておいた。マグダラのマリアとヨセの母マリアとは、イエスが納められた場所を見ておいた。 15・42～47

イエスの受難と死の場面では、イエスに従って来た弟子たちは逃げていて、誰も裁判には立ち会っていないと述べました。それでは、誰がイエスの受難と死の事実を後世に伝えたのでしょう。意外や意外、それまでイエスとまったくと言っていいほど、接触がなかった人たちでした。マルコ十五章をとびとびに読みながら、彼ら証人の素顔に迫ってみましょう。

イエスはピラトの官邸から処刑場である郊外のゴルゴタまで、十字架を背負って歩きます。何度か道に倒れこんでしまうイエスをあわれに思ったのか、兵隊は、そこを通りかかったキレネ人のシモンという男に十字架の片棒を担《かつ》がせたのです。十字架の縦木《たてぎ》は現場に立てられていて、横木《よこぎ》を囚人に処刑場まで運ばせたのでした。

「田舎から出て来て、〔たまたま〕通りかかったので、シモンにイエスの十字架を無理に背負わせた」(15・21)。〔たまたま〕という言葉は、私がつけ加えました。まったく偶然の出来事で、シモンはイエスの十字架を背負うこととなったのです。しかも、

「無理に」とあり、イヤイヤながら背負ったのです。人生には「たまたま」で「イヤイヤ」ながら背負わないといけない十字架があるものです。それがその人の人生には、大きな意味をもつことがあるものです。

十字架を担《かつ》ぐ中で、イエスのあえぐ呼吸とか、汗臭い体臭とか、流れている血の汚れとか、全部を感じ取ることができました。そうして、歩んでいく中でシモンの中に大きな変化が生まれてきました。シモンのことで、彼の素性がわかる一つの手掛かりがあります。パウロがローマの教会に送った手紙の中で、その最後に「シモンの妻と彼の息子たちによろしく」と伝えています。「主と結ばれ選ばれた者ルフォスと彼の母によろしく。彼女はわたしにとっても母です」（ローマの人々への手紙16・13）

このルフォスについて、マルコは「アレクサンドロとルフォスの父でシモン」（15・21）と述べていて、いつの間にか、シモンの家族はローマに住み着いていることがわかります。しかも、シモンの奥さんは、パウロにとってお母さんのような存在だと言っているのです。ずいぶん親しい間柄だったようです。ルフォスは「主と結ばれ、選ばれた者」（ローマ16・13）と言われていて、ローマ教会で大切な役割を果たしていた人と考えてもよいでしょう。少なくとも、シモンが十字架を担いで後、一家はキリスト教に改宗して、ローマに移り住み、ローマ教会の重要な一員となったと思われます。「選ばれた者」と言われていて、教会の指導者、現在の司祭的役割を果たしていたと考えることもできます。シモンの奥さんは、シモンから聞いた話をローマの信者さんたちに話して聞かせたことでしょう。現実にあったことを肉声で聞くと、きっと臨場感もあり、迫力もあったはずです。こうして話されたことが教会に伝えられて、それが聖書の中に組み込まれていったのです。

二人目の証人に移ります。イエスは十字架につけられ、「三時ごろになると、イエスは大声で叫ばれた、『エロイ、エロイ、レマ、サバクタニ』。これは『わたしの神、わたしの神、どうしてわたしをお見捨てになったのですか』という意味である。…中略…イエスは大きな叫び声をあげて、息を引き取られた」(15・33～37)。あの状況の中で、死にかけている人がいくら大声で叫んでも、せいぜい周り数十人の人に声が届いたにすぎません。では、これらの言葉を正確に伝えたのは誰だったのでしょう。

「その正面に立っていた百人隊長は、イエスがこのように息を引き取られたのを見て、言った、『まことに、この方は神の子であった』」(15・39)

イエスの死の場面を正面から見ていた人がいたのでした。それは、なんと敵方のローマ軍の隊長というのですから、まさに皮肉な事情です。その彼は「まことに、この方は神の子」と言ってのけたのです。別の言葉では、「この方はイエス・キリスト、わたしの救い主」という信仰告白をしたのです。この隊長もまた、キリスト教に触れて、教会に入って一員となったと考えるのが妥当でしょう。彼の証言は、それこそ生々しい、人々を説得してやまない、十分な力があったものだったでしょう。

三人目の証人に移りましょう。イエスは金曜日の午後三時ごろ息を引き取りました。これが一日目で、二日目は三時間くらい後の夕方六時ごろに始まります。ユダヤでは、日が暮れると一日の始まりとしていたからです。死亡して葬《ほうむ》るまで三時間弱しかありません。誰が遺体をひき取り、葬る仕事をすればよかったのでしょう。弟子たちは全員逃げて現場にいません。さてどうしたらよいのでしょう。

ここに「立派な議員の一人、アリマタヤのヨゼフ」(15・43)という人が現れます。彼は「立派な人」と言われていて、社会的にも身分が高い人でした。議員の一人というだけあって、力もあった人でした。しかも、「彼もまた神の国を待ち望んでいた人」(15・43)と言われているのです。この箇所が後代の付け加えだとしても、この事件があって後、教会に入信したことを示唆していると考えてもよいでしょう。

イエスの取り扱いを見るにつけ、イエスに深い愛情を抱いていることは確かです。ヨゼフは死体の下げ渡しを、ローマ総督ピラトに願い出ました。人の遺体をひき取るのは、身内の者しかゆるされていません。ヨゼフはイエスを自分の身内として、引き下げを願ったのです。これはヨゼフにとって最大の誇りとなったことでしょう。イエスの身内となったとは、何という誇りでしょう。

ピラトは百人隊長を呼んで、その死を確かめたうえで、ヨゼフに死体を渡しました。ヨゼフは日暮れまで時間がないので、遺体を拭いたり、油を塗ったりする時間がなく、一枚の布を身体にかけて、そのまま自分の墓に葬ったのでした。「墓の入り口に石を転がしておいた」(15・46)という文章で締めています。この死から葬《ほうむ》りの場面を、これほど克明《こくめい》に伝えることができたのは誰でしょう。ヨゼフしかいません。

三人の証人の話を聞いて、何を考えたらよいでしょう。イエスの死の証言をしている人たちは、いずれも生前イエスと深いかかわりをもっていたとは思えません。一番かかわりが深かった人たちは、皆逃げて、そこにいません。たまたまイエスの死に出会ったこれらの人たちは、それによって自分の人生を大きく変えていきます。自分が体験したイエスの死の大事な場面を、初代教会に生き生きと伝えた人になったのでした。初代教会は、イエスの思い出を語った人たちの証言によって成り立っています。

三十二　女たちも逃げた

マルコ15・40～41、16・1～8

また、婦人たちが遠くから見守っていた。その中には、マグダラのマリア、小ヤコブとヨセの母マリア、およびサロメがいた。この人たちは、イエスがガリラヤにおられたとき、イエスに従って、仕《つか》えていた婦人たちである。なお、このほかにも、イエスと一緒にエルサレムに上って来た多くの婦人たちがいた。

15・40～41

さて、安息日が終わると、マグダラのマリア、ヤコブの母マリア、そしてサロメは香料を買った。それは、イエスに油を塗りに行くためであった。そして、週の第一日の朝早く、陽が昇るとすぐ、墓に行った。彼女たちは、「墓の入り口からあの石を転がしてくれる人が、誰かいるでしょうか」と話し合っていた。ところが、目を上げて見ると、石はすでに脇へ転がしてあった。それは非常に大きな石であった。墓の中に入った彼女らは、右手のほうに真っ白な長い衣をまとった若者が座っているのを見て、非常に驚いた。すると若者は言った、「驚くことはありません。あなた方は十字架につけられたナザレのイエスを捜しているのでしょうが、ここにはおられません。復活されたのです。ご覧なさい、ここがお納めした場所です。さあ行って、弟子たちに、特にペトロにこう言いなさい、『あの方は、あなた方より先にガリラヤへ行かれます。かねて言っておられたとおり、そこで、あなた方はあの方に会えるでしょう』」。しかし、婦人たちは墓から飛び出て逃げ去った。われを失うほど恐れおののいていたからである。そして、誰にも何も言わなかった。恐ろしかったからである。

16・1〜8

弟子たちも含めて、イエスの側近の男たちは臆病《おくびょう》で、先生の不幸を見ていち早く逃げます。マルコはペトロだけには感情を込めて、その裏切りを語っていますが、後は淡々と話を進めます。ほかの弟子たちは逃げたということしか語りません。男に対しては冷淡です。

そのマルコは、女性たちに対しては違っています。遠くからことの成り行きを見ていた女性たちを登場させます。しかも、「マグダラのマリア、小ヤコブとヨセフの母マリア、およびサロメ」（15・40）と名前まで明記しているのです。名前があるということは、初代教会でよく知られていた人たちだということでもあります。多分、教会でリーダー的役割を果たしていたのでしょう。男たちとは対照的に、女たちの忠実さ、繊細さが随所に表されます。先生の過酷な運命に胸を痛めている姿が、受難の場面にもうかがわれます。

彼女たちは、遠いところからであっても、イエスの死の証人でした。これらの女性たちが話したことは、初代教会にとって貴重な証言であったはずです。ガリラヤからついてきて、イエスの身の周りを世話していた婦人たちでもあり（15・41）、イエスにまつわる多くのエピソードを語ることができました。教会を訪れた人たちは、イエスについてどんな小さなことでも聞きたいという気持ちがありました。イエスについて語る人のところには、多くの人が集まり、そこに教会ができたのでした。遺体が十字架から降ろされ、短時間で埋葬までしなければならない状況で、婦人たちは油を塗ることもできず、身体をきれいに拭《ふ》いてあげることもできず、やきもきしていました。墓に納められるところまでついていって、その場所を確かめていま す。実に模範的な女性の姿がここには描き出されています。

ところが、マルコの福音書は、とても不思議な終わり方をしているのです。模範的な女たちは、結局男たちと同じように「逃げた」で終わるのです。最後は復活したイエスを、万歳三唱で祭り上げることで終わらせたくなるのですが、それが違うのです。〝男も逃げた、女も逃げた〟で終わるのです。私たちはハッピーエンドを期待しますが、マルコは冷たくそれを切ります。復活は、そんな甘ったれた小説ではないと言いたいかのようです。この終わり方について、私は何を言えばよいのかわかりません。唐突《とうとつ》というか、読者を突き放すというか、とにかく親切ではないのです。

「婦人たちは墓から飛び出て逃げ去った。われを失うほど恐れおののいていたからである。男も逃げた、女も逃げた、そして誰にも何も言わなかった。恐ろしかったからである」（16・8）これで終幕という映画の幕切れです。イエスが伝えたメッセージ、神の言葉、神の国の約束などはすべて水泡に帰したのです。

この終わり方を不満に思う人たちがいて、後になってイエスの復活の物語を付け加えるようになりました。それが十六章九節以降です。あるいは、少し間をおいて次の物語を書き続けようとしたのだと考える人たちもいます。

私は、「逃げた」で終わってよかったと思っています。「逃げた」のは男たちでもあり、女たちでもあるのですが、その中にこの私もいるからです。私は苦しみの現実から逃げて回っているのです。苦しみから逃げるために多くの気晴らしを求めます。しかし、それが終われば倍以上の苦しみが襲ってくるものです。逃げ去った婦人たちを、自分に置き換えてみると、どうしようもない自分を発見するのではないでしょうか。

それでは、どうして婦人たちは逃げたのでしょう。「恐ろしかったからである」とマルコは説明しています。何が恐ろしかったのでしょう。

彼女たちは、復活の朝早く、墓に向かいました。手には香油と身体を拭く手ぬぐいとかを持参していました。大きな石が墓の入り口に転がしてあったのを見ていて、それを誰に頼んで動かしてもらおうかと話し合っていました。彼女たちは、預言されていた復活などという考えはまったくもっていませんでした。ただ、イエスへの同情と人間的愛情があるにすぎません。そして、墓に着いて彼女たちが見たのは、墓が空《から》だったことでした。そのことで驚き、そして恐れたのです。あるはずのものがない、そのとき人は恐れおののくのです。ここに遺体があるはずなのに、なくなっている、誰かが持ち去ったのだろうかとも考えます。この彼女たちに、決定的な言葉が「真っ白な長い衣をまとった若者」（16・5）から告げられます。「ここにはいない。ガリラヤであの方に会える」（16・7）。あれだけ恋い慕い、求めてきた愛する人はここに居ないと知って、愕然《がくぜん》とするのです。追い打ちをかけるようにガリラヤで会えると言います。ガリラヤは先生のイエスと出会った場所、すべての事の始まりです。新約聖書の最後の本に「ヨハネの黙示録《もくしろく》」がありますが、その二章にエフェソの教会へ宛てた手紙が記されています。次のような文章です。

お前は初めのころの愛から離れてしまった。そこで、どこから落ちたかを思い起こし、悔い改めて、初めのころの行いに戻りなさい。もし悔い改めないなら、わたしはお前の所に行き、お前の燭台をその場所から取り去ってしまう。（2・4〜5）

イエスを見つけるために、出発点に戻れと命じられています。ガリラヤはイエスと弟子たちの蜜月《みつげつ》の日々を過ごした場所です。エルサレムへ旅する中で、弟子たちは徐々に欲望にとらわれてきます。最後は先生を裏切るところまでに至るのです。女たちはイエスの後を慕い、歩いて行きました。しかし、その愛情は、単なる人間の感情に過ぎないことがしばしばでした。遠くから見ていた彼女たち、墓に走った彼女たちも、イエスが預言していた〝わたしは復活する〟という信仰とは遠いものでした。復活を理解するためには、どうしても原点に戻る必要があったのです。黙示録で「どこから落ちたかを思い起こしなさい」と天使から言われていますが、自分の信仰の歴史を振り返るとき、どのあたりから生ぬるくなったかを調べていかないといけません。そして、信仰を得た最初のころの感激に戻ることです。今までつくり上げてきた人生、育んできた愛、積み重ねてきた善業、これら全部をおいての再出発なのです。

心を痛めてイエスの死を見つめたこと、埋葬について行ったこと、香油を塗りに朝早く急いで墓にかけつけたこと、これらは純粋な信仰の行為ではなかったのです。不純な愛情を全部かなぐり捨てて、裸になってイエスと出会うことを、イエスは求めたのです。墓が空《から》であったとは、自分の中を空《から》にしないと、復活したイエスに出会わないということを表しています。

ここでマルコの福音書は終わります。初めのころの愛、その熱心さ、あのころもっていた純粋な真摯《しんし》な人生の探求心、ここに戻ることが復活だと教えているのです。多くの場合、青年期は信仰に目覚めるときです。信仰がぐらつくとき、その最初のころの信仰に立ち戻ることです。そして信仰がさめるのは、日々の生活の繰り返しの中で、自分自身を失ってしまうからです。スーパーマンのように蘇《よみがえ》る姿を、マルコは決して語っていません。彼が言いたいのは、純粋な愛に立ち戻ることが大事だということです。いつの間にか泥にまみれて、世間の常識なるものに心も魂も奪われて、私たちの主である神を見失ってしまいます。もう一度、神と出会うことです。

悔い改めるとは、ガリラヤに戻ることです。初心に戻ることです。最初のころの神との純粋な愛に生きることを始めることが命じられます。福音をしっかりと学び、その精神を生きることを誓うことです。そして味わった福音を人々に伝えるのです。

味わった言葉は人々の心を打ちます。それで洗礼を受けたいと願う人が現れれば、洗礼を授けるのです。問題は原点、ガリラヤに戻り、初心を貫いて生きることです。

この物語はハッピーエンドで終わることはありませんでした。これからの物語をつくるのは皆さんです。「全世界に行き、造られたすべてのものに福音を宣べ伝えなさい。信じて洗礼を受ける者は救われる」(16・15〜16)

青春まっただ中の皆さんは、将来帰っていくことができる信仰の原点をつくり上げるべく努めてください。

最後にマルコの最初の章に戻って、その叫ぶ声に耳を傾けましょう。

「イエスはガリラヤに行き、神の福音を宣べ伝えて仰せになった、
『時は満ち、神の国は近づいた。
悔い改めて、福音を信じなさい』。」(1・14〜15)

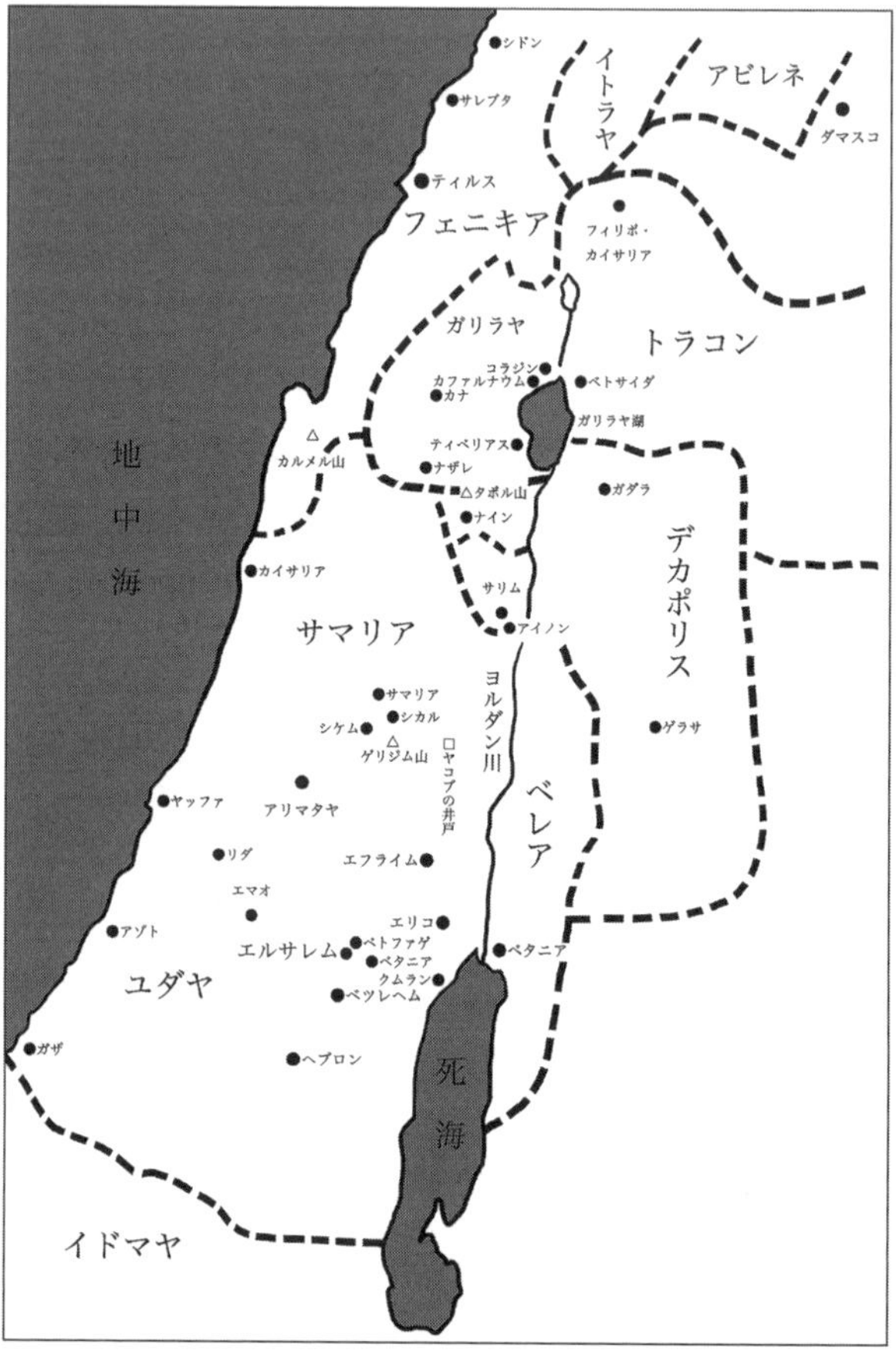
シドン
サレプタ
イトラヤ
アビレネ
ダマスコ
ティルス
フェニキア
フィリポ・カイサリア
ガリラヤ
トラコン
コラジン
カファルナウム
ベトサイダ
カナ
ガリラヤ湖
ティベリアス
カルメル山
ナザレ
タボル山
ガダラ
ナイン
地中海
デカポリス
カイサリア
サリム
アイノン
サマリア
ヨルダン川
サマリア
シカル
シケム
ゲリジム山
ヤコブの井戸
ゲラサ
ヤッファ
アリマタヤ
ペレア
リダ
エフライム
エマオ
エリコ
アゾト
ベトファゲ
エルサレム
ベタニア
ベタニア
クムラン
ユダヤ
ベツレヘム
ガザ
ヘブロン
死海
イドマヤ

❖著者略歴

溝部 脩（みぞべ・おさむ）

カトリック高松教区名誉司教、京都「望洋庵」庵主。1935年北朝鮮新義州に生まれる。64年イタリアにて司祭叙階。ローマ教皇庁立グレゴリオ大学史学部博士課程修了後、上智大学文学部日本史学科博士課程修了。カトリックサレジオ修道会の養成責任者や日本管区長を務めると同時に、上智大学神学部などで教鞭をとる。2000年、カトリック仙台教区司教、04年、高松教区司教を経て、12年司教引退後、京都カトリック西陣教会で「望洋庵」を立ち上げる。主な著書に『朝の光の中に―溝部司教の説教より』、『証し人として生きる　溝部脩司教説教集』（以上ドン・ボスコ社）『メッセージ―殉教者から現代の教会へ』、『聖霊の息吹を受けて―溝部司教説教集』（以上サンパウロ）等多数。

青年《せいねん》と読《よ》む

マルコによる福音《ふくいん》

2015年11月23日　初版発行
2016年 4 月 9 日　二刷発行

著　者　溝部 脩
イラスト　筒井亜矢
発行者　関谷義樹
発行所　ドン・ボスコ社
〒160-0004　東京都新宿区四谷1-9-7
TEL03-3351-7041 FAX03-3351-5430
装　幀　幅 雅臣
印刷所　株式会社平文社

ISBN978-4-88626-600-2
（乱丁・落丁はお取替えいたします）